Größte Vergebung

Größte Vergebung

Bringen Sie Frieden und Freude in Ihr Leben durch die Kraft der bedingungslosen Vergebung

DR. UND MAESTRO

Zhi Gang Sha

mit

Master Cynthia Deveraux und Master David Lusch

Die in diesem Buch enthaltenen Informationen dienen der Bildung und nicht der Diagnose, Verschreibung oder Behandlung irgendwelcher Gesundheitsstörungen jeglicher Art. Der Inhalt dieses Buches ist als Ergänzung zur Verwendung neben einem rationalen und verantwortungsvollen Gesundheitsprogramm gedacht, das von einem Arzt verschrieben wird. Der Autor und der Verleger haften in keiner Weise für einen Missbrauch des Materials.

Herausgegeben von
Heaven's Library Publication Corp.
und Waterside Productions.

Tao-Kalligrafie *Da Kuan Shu* sind Markenzeichen der Heaven's Library Publication Corp.

Heaven's Library Publication Corp.
30 Wertheim Court, Unit 27D
Richmond Hill, ON L4B 1B9 Canada
www.heavenslibrary.com
heavenslibrary@drsha.com

Waterside Productions
2055 Oxford Ave.
Cardiff, CA 92007
www.waterside.com

Übersetzt von: Travod International Ltd.
Editiert von: Kirsten Ernst

ISBN: 978-1-951805-76-0 print on demand
ISBN: 978-1-951805-77-7 e-book

Gestaltung: Lynda Chaplin
Cover Design: Henderson Ong

Inhaltsverzeichnis

Liste der Abbildungen

Einleitung

DAS LEBEN stellt jeden Menschen vor Herausforderungen. Diese können Gesundheit, Beziehungen, Finanzen, Geschäftliches oder die spirituelle Reise betreffen, also die Reise von Seele, Herz, Geist und Körper zur Erleuchtung.

Entscheidend für das Leben ist die Art und Weise mit diesen Herausforderungen umzugehen. Manche Menschen gehen sie ernsthaft an und lernen ihre Lektionen daraus. Manche Menschen werden depressiv und verzweifeln. Manche Menschen empören sich, werden regelrecht wütend und kämpfen gegen ihre Herausforderungen, ob sie nun die Gesundheit, Beziehungen oder das Geschäftliche betreffen.

Ich persönlich bin davon überzeugt, dass wir im Angesicht der Herausforderungen unseres Lebens vor allem die Grundursachen dieser

Herausforderungen verstehen sollten, um anschließend zu lernen, wie wir diese Ursachen auflösen. Das könnte die Herausforderung nicht nur transformieren, sondern auch verhindern, dass sie immer wiederkehrt.

In diesem Büchlein werde ich klar darlegen, warum Vergebung der entscheidende Schritt ist, um die Grundursachen aller Arten von Herausforderungen im Leben aufzulösen. Mit der Tao-Kalligrafie gebe ich Ihnen ein kraftvolles Instrument an die Hand, das Ihre Vergebungsübungen unterstützt.

Zunächst möchte ich einige Auswirkungen mangelnder Vergebung aufzeigen.

Vielleicht vergeben wir nicht, weil wir tief, ja sogar grausam verletzt worden sind. Vielleicht vergeben wir nicht, weil wir Ungerechtigkeit spüren. Vielleicht vergeben wir nicht, weil wir uns im Recht fühlen. Vielleicht vergeben wir nicht, weil wir das Gefühl haben, dass uns etwas genommen worden ist, sei es körperlich, emotional, geistig, finanziell oder in einer Beziehung. Es gibt viele Gründe, warum uns das Vergeben möglicherweise schwer fällt.

Überlegen Sie, wie es sich anfühlt, wenn Sie nicht vergeben können. Vielleicht halten Sie an einer Feindseligkeit fest, vielleicht an großer Wut und Rachegedanken. Vielleicht haben Sie Angst vor dem Menschen, der Ihnen geschadet hat.

Überlegen Sie, wie es sich anfühlt, wenn für Schaden, den Sie verursacht haben, nicht vergeben wird. Vielleicht fühlen Sie sich schuldig, schämen sich oder haben dadurch einen gewissen Schaden in einem schönen Aspekts Ihres Lebens erfahren und noch mehr.

Wenn Sie so etwas schon einmal erlebt haben, wissen Sie, dass es sich nicht gut anfühlt. Wenn Sie jemandem nicht vergeben können, der Sie verletzt hat, leiden Sie möglicherweise stärker unter Ihren Gefühlen oder in Ihrer Gesundheit, Ihren Beziehungen, Finanzen oder anderen Aspekten Ihres Lebens.

In diesem Buch finden sich viele berührende Berichte über Vergebung. Sie zeigen die Transformation, die entstehen kann, wenn wir in der Lage sind, loszulassen und zu vergeben. Studien haben gezeigt, dass Vergebung Stress abbauen und die Gesundheit fördern kann. Wenn wir nicht vergeben können, sondern wir uns in Wut, Bitterkeit, Rachsucht und ähnlichen Gefühlen verstricken, leiden wir darunter. Wenn wir in Schmerz und Negativität feststecken, erschaffen wir ganz leicht noch mehr Negativität durch unsere Gedanken und Worte. Dies verursacht noch größere Negativität in unserem Leben: Isolation, Hass, Zwietracht und mehr.

Es gibt ein altes Sprichwort:

„Bevor du dich auf den Pfad der Rache begibst, hebe zwei Gräber aus."

Alles hat Yin- und Yang-Aspekte. Nicht zu vergeben führt zu mehr Schmerz und Leid. Bedingungslose Liebe und Vergebung dagegen erschaffen Positivität, innere Freude, inneren Frieden, Ordnung, Verbindung, Harmonie und Möglichkeiten, noch mehr Liebe in unser Leben zu lassen.

Wenn wir verletzt werden, kann unsere Antwort Liebe, Vergebung, Frieden, Verbindung und Harmonie sein, oder aber das Gegenteil — Wut, Ärger, Feindseligkeit, Trennung und Disharmonie. Viele Menschen warten darauf, dass die andere Person sich entschuldigt, oder sie vergeben nie vollständig. Im Hier und Jetzt Vergebung zu üben ist die beste Art, Negativität zu transformieren und alle zukünftigen Herausforderungen zu vermeiden.

~ ~ ~

Ich möchte gleich hier ein Geheimnis mit Ihnen teilen. Es ist nur ein Satz über die

Grundursachen aller Arten von Herausforderungen im Leben:

Seelenblockaden sind die Grundursachen von Herausforderungen in Gesundheit, Beziehungen, Finanzen, im Geschäftlichen und auf der Erleuchtungsreise.

Das möchte ich näher erklären.

Eine altehrwürdige Weisheit lehrt uns, dass alle Lebewesen und Dinge aus *Shen Qi Jing* bestehen. „Shen" umfasst Seele, Herz und Geist (Bewusstsein). „Qi" ist Energie. „Jing" ist Materie. Die Gesundheit eines Menschen besteht aus Shen Qi Jing. Jedes System, jedes Organ, jede Zelle, jede DNS und RNS im Körper, bestehen aus Shen Qi Jing. Jede Beziehung besteht aus Shen Qi Jing. Finanzen und Geschäftliches bestehen aus Shen Qi Jing. Mutter Erde besteht aus Shen Qi Jing. Der Himmel besteht aus Shen Qi Jing. Die unzähligen Planeten, Sterne, Galaxien und Universen bestehen aus Shen Qi Jing.

Menschen leben auf Mutter Erde. Der Himmel befindet sich über uns. Der Himmel gehört zu Yang. Mutter Erde gehört zu Yin. Wir leben in einer Yin-Yang-Welt. Das erste und wichtigste universelle Gesetz für den Himmel und für Mutter Erde ist das universelle Gesetz von Yin und Yang. Die Kernaussage dieses universellen Gesetzes ist, dass alle Lebewesen und Dinge in Yin und Yang eingeteilt werden können. Es ist das Gesetz des Positiven und des Negativen.

Daher besteht Shen Qi Jing aus einer positive und negative Seiten. Shen umfasst Seele, Herz und Geist. Die Seele kann negativ oder positiv sein. Herz und Geist können positiv oder negativ sein. Qi (Energie) und Jing (Materie) können positiv oder negativ sein.

Die Tao-Wissenschaft, die Dr. und Master Rulin Xiu und ich gemeinsam entwickelt haben,[1] besagt, dass positives Shen Qi Jing Ordnung, Verbindung und Harmonie ist, negatives Shen Qi Jing dagegen Unordnung, Trennung und Disharmonie.

Warum werden Menschen krank?

Warum haben Menschen Beziehungsprobleme?

Warum haben Menschen finanzielle und geschäftliche Probleme?

Warum erleben Menschen in unterschiedlichen Aspekten ihres Lebens Herausforderungen?

In einem Satz zusammengefasst:

---

[1] Siehe Tao Science: The Science, Wisdom, and Practice of Creation and Grand Unification, Cardiff, CA/ Richmond Hill, ON: Waterside Press/Heaven's Library Publication Corp., 2017

Herausforderungen in einem beliebigen Aspekt des Lebens sind eine Folge von negativem Shen Qi Jing.

Wie können wir alle Herausforderungen im Leben, sei es in Gesundheit, Beziehungen, Finanzen, im Geschäftlichen oder anderen Aspekten transformieren?

Auch der Weg der Transformation des gesamten Lebens lässt sich in einem Satz zusammenfassen:

Das gesamte Leben, einschließlich Gesundheit, Beziehungen und Finanzen, zu transformieren bedeutet, negatives Shen Qi Jing in positives Shen Qi Jing zu transformieren.

Um negatives Shen Qi Jing in positives Shen Qi Jing zu transformieren, sollten wir die heilige Weisheit verstehen, wie Shen, Qi und Jing zusammenhängen. Shen umfasst Seele, Herz und Geist. Die Seele ist Information oder Botschaft.

In der Quantenwissenschaft und in der Tao-Wissenschaft heißt es:

- Die Seele ist der Inhalt, die Essenz der Botschaft.
- Das Herz (der Kern des Lebens, der jenseits des physischen Herzens liegt) ist der Empfänger der Botschaft.
- Der Geist (das Bewusstsein) ist der Prozessor der Botschaft.
- Qi (die Energie) ist die Antriebskraft.
- Jing (die Materie) ist der Transformator.

Die wichtigste heilige Weisheit der Beziehungen zwischen Shen, Qi und Jing lässt sich in vier Sätzen zusammenfassen:

- Die Seele lenkt das Herz.
- Das Herz lenkt den Geist.
- Der Geist lenkt das Qi (Energie).
- Das Qi lenkt das Jing (Materie).

Alle Lebewesen und Dinge bestehen aus Shen Qi Jing. Die heilige Weisheit und der Prozess des gesamten Lebens lassen sich in einem Satz zusammenfassen:

Für den Prozess des gesamten Lebens gilt: Die Seele lenkt das Herz, das Herz lenkt den Geist, der Geist lenkt die Energie, die Energie lenkt die Materie.

Jetzt bin ich bereit, die tiefer liegenden Blockaden des gesamten Lebens, einschließlich Gesundheit, Beziehungen und Finanzen, zu erklären:

Diese grundlegenden Blockaden sind Seelenblockaden.

Im Bereich der Spiritualität lehrte Shi Jia Mo Ni Fo (der chinesische Name von Shakyamuni Buddha), der Gründer des Buddhismus: „Yi Qie Jie You Ye Suo Sheng."

„Yi Qie" bedeutet *des gesamten Lebens, d. h. alle Lebewesen und Dinge*. „Jie" bedeutet *alles*. „You" bedeutet *wegen*. „Ye" bedeutet die *Aufzeichnungen der Taten, Verhaltensweisen, Worte und Gedanken.* „Suo Sheng" bedeutet *erschaffen.* „Yi Qie Jie You Ye Suo Sheng" bedeutet also: *das gesamte Leben — alle Lebewesen und Dinge — wird von all seinen vergangenen Taten, Verhaltensweisen, Worten und Gedanken aller vorherigen Leben und des jetzigen Lebens erschaffen.*

(Ich glaube fest an Reinkarnation. Sie tun das vielleicht nicht. Ich respektiere Ihren Glauben und den aller anderen Menschen. Sie müssen nicht mit mir übereinstimmen, um den Nutzen aus den einfachen Vergebungsübungen in diesem Buch zu schöpfen. Nach meinem Verständnis lehren alle spirituellen Systeme, dass wir um Vergebung bitten und diese erhalten sollen, wenn wir gegen eine Regel verstoßen haben. Vielen Dank, dass Sie mir erlauben, mein Verständnis unserer gemeinsamen Grundlagen mit Ihnen zu teilen. Vielen Dank, dass ich Ihnen durch dieses Buch dienen darf.)

Die Aufzeichnungen des gesamten Lebens, einschließlich aller vorherigen Leben und des jetzigen Lebens, lassen sich in positiv und negativ einteilen. Diese Aufzeichnungen sind Thematiken der Seele. Sie werden von der Seele getragen. Es ist wichtig, diese heilige Weisheit zu erkennen und zu verstehen.

Positive Aufzeichnungen eines Menschen, eines Unternehmens, eines Landes oder irgendeiner Seele entstehen, wenn dieser Mensch, dieses Unternehmen, dieses Land oder diese Seele in einem Leben der Menschheit, den Tieren, der Umwelt und darüber hinaus *positiv*, mit Liebe, Fürsorge, Mitgefühl, Vergebung, Ordnung, Verbundenheit und Harmonie, gedient hat.

Negative Aufzeichnungen eines Menschen, eines Unternehmens, eines Landes oder einer Seele entstehen, wenn dieser Mensch, dieses Unternehmen, dieses Land oder diese Seele in einem Leben der Menschheit, den Tieren, der Umwelt und darüber hinaus *negativ* gedient und Schaden zugefügt haben, und so durch

Übervorteilung, Betrug, Diebstahl und Unordnung, Trennung oder Disharmonie entstanden sind

Diese Aufzeichnungen sind universell. Alle Taten, Verhaltensweisen, Worte und Gedanken von allen Lebewesen und Dingen werden aufgezeichnet, seien sie positiv oder negativ. Die Aufzeichnungen werden vom Universum und der Quelle (Tao) überprüft. Das Universum und die Quelle belohnen einen Mensch, dessen Aufzeichnungen positiv sind, mit Gesundheit, harmonischen Beziehungen, florierenden Finanzen und Geschäften, sowie mit Ordnung, Verbundenheit und Erfolg in allen Aspekten des Lebens.

Das Universum und die Quelle erteilen einem Mensch mit negativen Aufzeichnungen Lektionen durch Herausforderungen in Gesundheit, Beziehungen, Finanzen und Geschäftlichem, durch Unordnung, Trennung und Disharmonie in allen Aspekten des Lebens.

Die tiefe Weisheit liegt darin zu verstehen:

Die positiven oder negativen Aufzeichnungen unserer Seele sind die Grundursachen von Erfolg und Misserfolg in allen Aspekten unseres Lebens.

Die Quantenwissenschaft lehrt über Informationen oder Botschaften. Die Spiritualität lehrt über die Seele. Die Tao-Wissenschaft vermittelt der Menschheit und der Wissenschaft: Information oder Botschaft *sind* die Seele. Die Seele *ist* Information oder Botschaft. Seelenaspekte, also Aspekte der Information oder Botschaft, sind die wichtigsten Thematiken im Leben.

Und jetzt kann ich zum höchsten Wert, zum entscheidenden Inhalt dieses Buches — *Größte Vergebung* — kommen.

Größte Vergebung ist entscheidend für die Auflösung der Grundursachen unserer Herausforderungen: der negativen Aufzeichnungen aller Leben, die von unserer Seele getragen werden.

Millionen Menschen auf der spirituellen Reise glauben an Jesus. Sie sollten daran denken, wie oft Jesus gesagt hat: „Deine Sünden sind dir vergeben." Wunder aller Art geschahen, nachdem Jesus diese Vergebung aussprach. Das zeigt, welche Kraft die Vergebung hat.

Jesus bewirkte Wunderheilungen, weil er bedingungslose, also die größte Vergebung anbot. Es ist wichtig, Vergebung zu erhalten, um die Heraus-forderungen im Leben zu heilen und zu transformieren. Es gibt zwei Möglichkeiten Vergebung zu erhalten. Die eine besteht darin, universelle, göttliche Vergebung von der Quelle zu erhalten. Die andere besteht darin, sich in Vergebung zu üben.

Dieses Buch erklärt allen Leser(innen) und der gesamten Menschheit, wie sie die Vergebungsübungen durchführen können, um die Grundursachen der Herausforderungen ihres Lebens, einschließlich Gesundheit, Beziehungen oder Finanzen, zu transformieren. Dieses Buch gibt Ihnen außerdem eine Tao-Kalligrafie (Abbildung 1), die das Shen Qi Jing der Tao-Quelle trägt. Die reinsten, höchsten Frequenzen und Schwingungen des Shen Qi Jing der Tao-Quelle können Ihr negatives Shen Qi Jing durch Liebe, Vergebung, Mitgefühl, Licht und mehr aus der Tao-Quelle in positives Shen Qi Jing transformieren. Darin besteht der unvergleichliche Wert dieses Buches.

Die Übungen sind sehr wichtig für die Selbstheilung und Transformation. Sie bieten die Vorteile, die in der klinischen Forschung über Vergebung, chinesische Kalligrafie und Meditation bestätigt worden sind.

Es ist mir eine Ehre, als Diener die heilige Weisheit und die praktischen Techniken der bedingungslosen, der größten Vergebung, weitergeben zu können.

Vergebung. Vergebung. Vergebung.

Bedingungslose Vergebung. Bedingungslose Vergebung. Bedingungslose Vergebung.

Größte Vergebung. Größte Vergebung. Größte Vergebung.

Wirken heilsam. Wirken heilsam. Wirken heilsam.

Transformieren Sie. Transformieren Sie. Transformieren Sie.

Erleuchten Sie. Erleuchten Sie. Erleuchten Sie.

Ich liebe mein Herz und meine Seele
Ich liebe die ganze Menschheit
Vereinet Herzen und Seelen
Liebe, Frieden und Harmonie
Liebe, Frieden und Harmonie

1

Was ist die größte Vergebung?

STELLEN SIE SICH EINE Familie vor. Ein Paar kann auf viele Herausforderungen stoßen. Vielleicht sind sie böse aufeinander oder streiten. Manche trennen sich sogar. Wenn Vergebung innerhalb der Familie geübt werden würde, also die bedingungslose, die größte Vergebung, dann könnten sich die Herausforderungen zwischen den beiden Parteien auflösen.

Stellen Sie sich einen Arbeitsplatz vor. Es könnten Herausforderungen zwischen Angestellten und Vorgesetzten auftreten. Vielleicht mögen sie einander nicht. Vielleicht herrschen Eifersucht, Konkurrenz, Ego und vieles mehr. Wenn Vergebung, und zwar bedingungslose Vergebung, in einem Unternehmen geübt werden könnte, ließen sich die Herausforderungen bewältigen.

Stellen Sie sich verschiedene Länder und Religionen im Lauf ihrer Geschichte vor. Wenn Vergebung, und zwar bedingungslose Vergebung, geübt worden wäre, hätten viele Kriege vermieden werden können.

Wenn ein Mensch krank ist, sind die Grundursachen dafür Seelenblockaden, wie ich in der Einleitung und in vielen meiner anderen Bücher beschrieben habe. Die Krankheit ist eine Lektion, die uns das Universum und die Quelle lehren. Wenn also ein Mensch sich wirklich in Vergebung übt und sie annehmen kann, könnte dies unvorstellbar heilsam auf die Krankheit wirken.

Religionen und spirituelle Systeme aller Art lehren die Vorzüge der Vergebung. Sie ist die Essenz, der Kern der Lehre und Anwendung, der seit Tausenden von Jahren Bestandteil des menschlichen Lebens und Bewusstseins ist.

Vergebung lässt sich in zwei Aspekte unterteilen: Vergebung für uns selbst empfangen und anderen Vergebung anbieten. Wenn jemand Sie verletzt, betrogen oder übervorteilt hat, können Sie diesem Menschen vergeben? Können Sie sich zutiefst und aufrichtig entschuldigen, wenn Sie Fehler begangen haben, die andere verletzen oder ihnen schaden, und demütig um Vergebung bitten? Können Sie sich selbst vergeben?

Es gibt eine noch tiefere Weisheit. Wenn Ihnen jemand im Lauf vieler Leben Schaden zugefügt hat, über Jahrhunderte und Jahrtausende hinweg, können Sie diesem Menschen vergeben? Wenn Sie anderen Menschen im Lauf vieler Leben geschadet haben, können Sie sie um Vergebung bitten?

Wenn Sie wirklich die größte Vergebung annehmen und geben können, so könnten Sie und andere unbegreiflichen und unvorstellbaren Nutzen daraus schöpfen. Dieses Buch zeigt Ihnen, wie Sie die Segnung der größten Vergebung erhalten können.

Was ist die größte Vergebung? Es ist die bedingungslose Vergebung. Bedingungslose Vergebung bedeutet, vollkommen zu vergeben, ohne Vorbehalt oder Erwartungen. Es bedeutet, jeglichen Ärger, Wut, jegliche Rachsucht, Opferrolle, jegliches Gefühl von Unrecht, Angst und noch mehr vollständig loszulassen. Es fällt Menschen mitunter sehr schwer, sich in bedingungsloser Vergebung zu üben.

Ich möchte hier zwei Geschichten erzählen. Im alten China wurde eine unverheiratete junge

Frau schwanger. Ihre Eltern waren äußerst erzürnt und fühlten sich tief beschämt. Sie fragten ihre Tochter, wer der Vater wäre. Die Tochter sagte, es wäre ein Mönch aus einem nahe gelegenen Tempel. Dieser Mönch war im weiten Umkreis als spiritueller Vater bekannt und hoch angesehen.

Die Eltern gingen zum Tempel und beschimpften den Mönch. Der Mönch war zwar äußerst überrascht, blieb aber vollkommen ruhig. Er lächelte sanft und sagte: „Ist das wahr?", sonst nichts.

Als das Kind zur Welt kam, brachten die Eltern es zum Mönch. Der Mönch nahm das Baby an. Als die Leute aus dem Dorf und der weiteren Umgebung hörten, was geschehen war, ärgerten sich viele über den Mönch. Manche verfluchten ihn sogar oder spuckten ihn an. Der Mönch erduldete die Beleidigungen und sagte nichts dazu.

Wie viele Mönche seiner Zeit hatte er ein Armutsgelübde abgelegt und erbettelte sein Essen. Immer, wenn er dies tat, beleidigten ihn manche Menschen heftig. Trotz aller Beschimpfungen und manchmal sogar körperlicher Angriffe, blieb der Mönch schweigsam und erzog das Kind liebevoll.

Die Mutter des Kindes beobachtete alles, was mit dem Mönch geschah. Ihr Herz war tief bewegt von seiner Liebe, Vergebung, Ruhe und Geduld, und sie fühlte sich schuldig. Dieses Gefühl konnte sie nicht länger ertragen. Sie gestand ihren Eltern, dass der Vater des Kindes nicht der Mönch war, sondern der Fischhändler auf dem Markt. Die Eltern bedauerten zutiefst, was sie dem Mönch angetan hatten. Sie gingen in den Tempel und baten um Vergebung. Der Mönch lächelte sanft und sagte: „Ich vergebe euch."

Dies ist eine Geschichte von der größten, bedingungslosen Vergebung.

Auch die nächste Geschichte spielt im altertümlichen Asien. Ein König befahl, einen spirituellen Vater hinzurichten und all seine Muskeln von Kopf bis Fuß zu zerschneiden. Als er da lag und unter größten Schmerzen langsam verblutete, sagte der spirituelle Vater: „Wenn ich dich im nächsten Leben wieder treffe, werde ich dir bedingungslos vergeben, dass du mich jetzt tötest."

Im folgenden Leben traf der spirituelle Vater in der Tat den König aus dem vorherigen Leben wieder. Der spirituelle Vater vergab dem König bedingungslos, dass er ihn im vorherigen Leben gefoltert und getötet hatte. Diese Geschichte von der bedingungslosen Vergebung ist in spirituellen Lehren sehr bekannt.

Die „Helden" dieser beiden Geschichten sind gute Vorbilder für bedingungslose Vergebung. Der erste wurde fälschlicherweise angeklagt und misshandelt für etwas, das als gesellschaftliche Schande galt. Er vergab denen, die ihn anklagten und misshandelten, bedingungslos.

Der zweite wurde grausam getötet. Er vergab demjenigen, der seine Hinrichtung angeordnet hatte, im folgenden Leben bedingungslos. Das bekannteste Beispiel für bedingungslose Vergebung ist Jesus, der bei der Kreuzigung seinen Peinigern vergab.

Manche Menschen sind vielleicht nicht in der Lage zu verstehen, dass diese größte Vergebung möglich ist. Wenn in unserer heutigen Welt unangenehme Dinge geschehen, führt das zu Gerichtsverfahren, Vergeltung, Kämpfen, Krieg und noch mehr. Es ist sehr schwer, denen, die uns großen Schaden zugefügt haben, bedingungslos zu vergeben.

Die tiefste Weisheit liegt darin, dass oft, wenn wir unter Krankheiten, Beziehungsproblemen, finanziellen und geschäftlichen Schwierigkeiten oder anderen Herausforderungen im Leben leiden, unsere Fehler gegenüber anderen die Ursache sind, sei es aus früheren Leben oder aus diesem. Die negativen Aufzeichnungen, die wir oder unsere Ahnen erschaffen haben, sind die Grundursachen unserer Herausforderungen. Deshalb ist es so wichtig, das Universum und die Quelle, sowie die Menschen, die wir und unsere Ahnen in vergangenen und in diesem Leben verletzt haben, aufrichtig um Vergebung zu bitten. So lösen sich unsere Herausforderungen auf.

In anderen Fällen kann es auch sein, dass Sie krank sind oder Herausforderungen in Beziehungen, Finanzen oder in anderen Aspekten haben, aber keine Fehler in einem früheren oder in diesem Leben begangen haben.

Vielleicht kennen Sie einige Fehler, die Sie begangen haben oder die Ihren Ahnen unterlaufen sind. Vielleicht kennen Sie sie auch nicht alle, vor allem diejenigen aus früheren Leben. Es spielt keine Rolle. Vergeben Sie dennoch bedingungslos. Es ist nach wie vor entscheidend, Ihre Herausforderungen zu transformieren.

Sich in bedingungsloser Vergebung zu üben hat zwei Sichtweisen.

Die erste besteht darin, das Universum und die Quelle, ebenso wie jene, denen wir geschadet haben, für uns und unsere Ahnen um Vergebung zu bitten.

Die zweite Sichtweise der Vergebung besteht darin, denen, die uns und unseren Ahnen geschadet haben, bedingungslos zu vergeben. Vergeben Sie vollständig. Vergeben Sie bedingungslos. Auch das ist entscheidend für die Transformation des gesamten Lebens.

Die eigentliche Weisheit der bedingungslosen, der größten Vergebung lässt sich wie folgt zusammenfassen:

Ich vergebe dir bedingungslos.
Du vergibst mir bedingungslos.
Bringt Liebe, Frieden, Harmonie.

Wenn Sie diese heilige Weisheit wirklich erkennen und glauben, setzen Sie die Vergebungsübungen in die Tat um. Sie könnten eine unvorstellbare Transformation Ihrer Gesundheit, Beziehungen, Finanzen und im Geschäftlichen erleben. In den Berichten, die ich in den folgenden Kapiteln wiedergebe, wird dies anschaulich dargestellt.

In Kapitel 3 stelle ich die praktischen Techniken vor und gebe Ihnen ein kraftvolles Instrument für Vergebungsübungen, um alle Aspekte Ihres Lebens zu transformieren. Aber zunächst wollen wir die beachtliche transformative Kraft der größten, bedingungslosen Vergebung besser verstehen und schätzen lernen.

2

Kraft und Bedeutung der Größten Vergebung

VERGEBUNG IST ENTSCHEIDEND für die Transformation von negativem Shen Qi Jing.

Bedingungslose, d. h. größte Vergebung kann negative Aufzeichnungen der Seele auf unfassbare Weise transformieren. Dies ist der optimale Weg, negatives Shen Qi Jing aller Art, das uns in allen Aspekten des Lebens blockiert, selbst aufzulösen und zu transformieren.

Negative Aufzeichnungen der Seele sind die Grundursache aller Herausforderungen in Gesundheit, Beziehungen, Finanzen, Geschäftlichem und allen Aspekten des Lebens. Deshalb erfordert die Transformation der Herausforderungen in unserem Leben die Auflösung der Grundursachen. Dies geschieht durch bedingungslose Vergebung.

Die Transformation aller Herausforderungen im Leben umfasst:

- Steigerung der Energie, Ausdauer, Vitalität und Immunität
- Selbstheilung des physischen, emotionalen, mentalen und spirituellen Körpers
- Transformation von Beziehungen aller Art
- Transformation von Finanzen und Geschäftlichem
- Öffnung der spirituellen Kommunikationskanäle
- Steigerung der Intelligenz von Seele, Herz, Geist und Körper

- Erfolg in allen Aspekten des physischen Lebens
- Erleuchtung von Seele, Herz, Geist und Körper

Vergebung, die aufrichtig geübt und bedingungslos angeboten wird, kann das gesamte Leben transformieren, denn sie transformiert die Grundursachen aller Herausforderungen. Deshalb ist Vergebung entscheidend für die Transformation des gesamten Lebens.

Das Ergebnis von aufrichtiger, bedingungsloser Vergebung ist das Ein-Satz-Geheimnis der Vergebung, das ich seit Jahren lehre:

Vergebung bringt innere Freude und inneren Frieden.

Ich möchte hier einen von Herzen kommenden Bericht über dieses Ein-Satz-Geheimnis weitergeben:

1996, vor dreiundzwanzig Jahren hegte ich einen tiefen Groll gegen eine Person, von der ich mich verraten fühlte. Mir wurde klar, dass ich mich weiterentwickeln musste, und dazu musste ich vergeben.

Eines Abends konnte ich den Schmerz des Grolls in meinem Herzen nicht mehr ertragen und bat Gott um Hilfe. Ich erhielt sofort die kristallklare Antwort: Lass einfach los. Das verstand ich so, dass es meine Entscheidung war, festzuhalten oder loszulassen. In meinem Herzen, in meinem Geist und mit meinen Lippen sprach ich es aus: „Ich bin bereit, loszulassen." In diesem Augenblick wurde die schwere Last von mir genommen. Ich war frei. Ich hatte die große Kraft der Vergebung erfahren.

Sofort bemerkte ich, wie diese einmalige Vergebung sich auf mein Leben auswirkte. Meine Beziehung zu dieser Person verbesserte sich dramatisch und ich erkannte andere Bereiche in meinem Leben, die

Vergebung nötig hatten. Als ich 2005 den Lehren von Master Sha folgte, erfuhr ich mehr über die Kraft und Bedeutung der Vergebung auf der spirituellen Reise und im physischen Leben und begann, mich regelmäßig in Vergebung zu üben. Seitdem habe ich viele Male erlebt, wie erhaltene und empfangene Vergebung nicht nur mein Leben, sondern auch das anderer Menschen transformiert.

Jedes Mal, wenn ich mich in Vergebung übe, und sei es nur für wenige Minuten, spüre ich eine Veränderung. Oft bemerke ich, dass ich mich nicht nur leichter fühle. Auch der Raum um mich herum ist weiter geworden, als ob Hindernisse in meiner Umgebung aus dem Weg geräumt worden wären.

Tatsächlich spüre ich tief in meinem Herzen, dass Blockaden entfernt worden sind. Negativität wurde in Positivität transformiert. Seit Vergebung ein grundlegender

Bestandteil meines Alltags ist, weiß ich, was wahre Freiheit, Freude und Frieden bedeuten.

Li An Di
New York

~ ~ ~

Man kann nicht oft genug betonen, wie wichtig es ist, Vergebung anzubieten und anzunehmen. Wie ich bereits beschrieben habe, sind die Grundursachen von Blockaden bei Gesundheit, Emotionen, Beziehungen, Finanzen, Geschäftlichem und mehr unsere negativen Aufzeichnungen aus allen Leben. Um diese Blockaden in allen Aspekten des Lebens zu transformieren, sollten wir die negativen Aufzeichnungen transformieren. Uns in Vergebung zu üben ist die kraftvollste Art, dies zu tun.

Im *Tao Te King* lehrt Lao Tse, dass demütig sein bedeutet, wie das Wasser zu sein. Wasser fließt demütig zu den niedrigsten Orten, dient bedingungslos und verlangt nichts. Üben Sie sich in Vergebung mit offenem Herzen, großer Aufrichtigkeit und Demut. Üben Sie sich jetzt in Vergebung, sodass Vergebung zu Ihrer Lebensweise wird. Es kann einige Zeit dauern, Vergebung zu einer Gewohnheit zu machen, aber der Nutzen für Ihr physisches Leben und Ihre spirituelle Reise, wie wahrer innere Freude und innerer Frieden, sind die größte Belohnung.[2]

~ ~ ~

Bedingungslose Vergebung soll von allen Ebenen der Seele, des Herzens, des Geistes und des Körpers kommen. Entscheidend ist, dass sie von den Ebenen des Herzens und der Seele

---

[2] Mehr über die Transformation von Beziehungen durch Vergebung finden Sie in Kapitel 10 meines Buches Seelenkraft – Erkenne deine innere Stärke, Knaur-Verlag, 2011.

kommt. *Aufrichtigkeit und Ehrlichkeit bewegen Menschen, den Himmel und die Seelen.*

Vergebung ist keine einmalige Übung. Vergebung ist ein vielschichtiger, schrittweiser Prozess, der bei den meisten Menschen über längere Zeit abläuft.

Vergebung öffnet Herz und Seele.

Vergebung ist einer der goldenen Schlüssel, der uns die Tür öffnet, um in allen Aspekten des Lebens voranzukommen.

Je mehr Sie sich in Vergebung üben, desto stärker werden alle Aspekte des Lebens erblühen.

Vergebung ist sehr wichtig für die Liebe, den Frieden und die Harmonie.

3

Wenden Sie mit der Tao-Kalligrafie *Da Kuan Shu* die Größte Vergebung an und transformieren Sie das gesamte Leben

ICH FREUE MICH, praktische Techniken mit Ihnen teilen zu können, die das gesamte Leben durch die größte, die bedingungslose Vergebung transformieren.

Wenden Sie die folgenden fünf praktischen Krafttechniken an, um Ihr gesamtes Leben durch bedingungslose, größte Vergebung zu transformieren. Die fünf Krafttechniken sind:

1. **Körperkraft:** Bei der Körperkraft geht es um besondere Körper-, Hand- und Fingerhaltungen für Selbstheilung, Verjüngung und Transformation. In einem Satz zusammengefasst:

Dort, wo Sie Ihre Hände hinlegen,
erhalten Sie Unterstützung.

2. **Seelenkraft:** Seelenkraft ist die *„Sag Hallo Anrufung"*. *„Hallo"* zu sagen, bedeutet, äußere Seelen wie die Tao-Quelle, das Göttliche, die spirituellen Väter und Mütter, den Himmel, Mutter Erde und unzählige Planeten, Sterne, Galaxien und Universen anzurufen. Es bedeutet auch, die inneren Seelen, d. h. unsere eigene Seele, die des Herzens, des Geistes und des Körpers anzurufen. In einem Satz zusammengefasst:

Wen Sie anrufen, von dem erhalten Sie Unterstützung.

3. **Geisteskraft:** Geisteskraft ist kreative Visualisierung. In einem Satz zusammengefasst:

Was Sie visualisieren, das segnet Sie.

4. **Klangkraft:** Klangkraft bedeutet, wiederholt bestimmte Mantras oder schwingende Töne zu chanten oder zu singen. In einem Satz zusammengefasst:

Sie werden zu dem, was Sie singen.

5. **Zeichenkraft:** Zeichenkraft bedeutet, sich mit der Tao-Kalligrafie zu verbinden und sie nachzuspüren. Tao-Kalligrafie ist die Kalligrafie der Quelle. Sie trägt das Shen Qi Jing der Quelle für Selbstheilung, Verjüngung und Transformation des gesamten Lebens. In diesem Buch gebe ich Ihnen die Tao-Kalligrafie *Da Kuan Shu* (Abbildung 1, nach Seite 32). „Da" bedeutet *größte.*

„Kuan Shu" bedeutet *Vergebung*. „Da Kuan Shu" (Aussprache: *Dah Kwan Schu*) bedeutet also *Größte Vergebung*.

~ ~ ~

Während der vergangenen drei Jahrzehnte haben Wissenschaftler(innen) die Anwendung der chinesischen Kalligrafie in der medizinischen Therapie erforscht. Klinische Studien haben gezeigt, dass die chinesische Kalligrafie sich positiv auf Verhaltens- und psychosomatische Störungen auswirkt, wie auf depressive Symptome bei Krebspatienten, psychiatrische und kognitive Störungen bei älteren Menschen, bei Stressbelastung und Übererregungssymptomen nach Erdbeben. Auch eine Veränderung der Theta-Wellen und Wirkungen bei Krankheiten wie hohem Blutdruck und ADHS wurden festgestellt.

~ ~ ~

Tao-Kalligrafie ist Einssein durch Schreiben, um das gesamte Leben zu transformieren. Tao-Kalligrafien

- tragen das Feld der Tao-Quelle, das aus dem reinen, positiven Shen Qi Jing (Seele, Herz, Geist, Energie und Materie) der Tao-Quelle besteht
- tragen die Frequenz, Schwingung, Liebe, Vergebung, Mitgefühl, Licht und mehr der Tao-Quelle
- verbinden sich mit allen Arten von spirituellen Vätern und Müttern im Himmel
- können negative Shen Qi Jing-Felder in positive Shen Qi Jing-Felder transformieren
- tragen die segnende Kraft der höheren Ebenen des Tao für alle Aspekte des Lebens, einschließlich Gesundheit, Beziehungen, Finanzen, Geschäftliches, Intelligenz, die spirituelle Reise und mehr

Da die Tao-Kalligrafien große Kraft haben, heilsam auf das gesamte Leben zu wirken, es zu segnen und zu transformieren, beinhalten seit 2013 alle meine Bücher mindestens eine Tao-Kalligrafie. Mehr über die Tao-Kalligrafie erfahren Sie in meinem neuen Buch *Tao Chang Tao Calligraphy: The Source Field to Transform All Life.*[3] In einem Satz zusammengefasst:

Sie werden zu dem,
was Sie nachzeichnen.

Wenden Sie diese fünf Krafttechniken an, um Ihre körperliche, emotionale, geistige und spirituelle Gesundheit, Ihre Beziehungen, Finanzen und das Geschäftliche, sowie alle Aspekte Ihres Lebens zu transformieren.

[3] Cardiff, CA/Richmond Hill, ON: Waterside Press/Heaven's Library Publication Corp., 2019.

Transformieren Sie Ihre Gesundheit

Physischer Körper
Bei Krankheiten, Schmerzen, Entzündungen, Tumoren, Krebs oder anderen körperlichen Beschwerden wenden Sie die fünf Krafttechniken wie folgt an:

Körperkraft: Legen Sie eine Handfläche unterhalb des Bauchnabels auf Ihren Unterbauch. Er ist das Fundament Ihrer Seele, Ihres Herzens, Ihres Geistes, Ihrer Energie und Materie. Legen Sie die andere Handfläche auf das Organ, den Körperteil oder -bereich, den Sie selbst heilen möchten. Denken Sie daran: *Dort, wo Sie Ihre Hände hinlegen, erhalten Sie Unterstützung.*

Seelenkraft: Die *„Sag Hallo Anrufung"* der äußeren und inneren Seelen (*wen Sie anrufen, von dem erhalten Sie Unterstützung*):

> *Liebe Quelle, liebes Göttliche,*
> *all ihr spirituellen Väter und Mütter in allen Ebenen,*

lieber Himmel, liebe Mutter Erde,
all ihr unzähligen Planeten, Sterne, Galaxien und Universen,
all ihr Seelen, denen meine Ahnen oder ich in diesem oder allen anderen Leben Schaden zugefügt haben,
liebes Shen Qi Jing von _________ (nennen Sie das System, das Organ, den Körperteil oder die gesundheitliche Beschwerde, für das Sie Heilung erbitten, etwa Bluthochdruck, Diabetes, ein Tumor, Krebs oder Schmerzen),
Ich liebe euch alle.
Bitte vergebt meinen Ahnen und mir alle Fehler, die wir in diesem und allen anderen Leben begangen haben.
Wir vergeben bedingungslos allen, die meinen Ahnen oder mir in diesem und allen anderen Leben Schaden zugefügt haben.
Bitte schenkt mir Selbstheilung, Segnung, Verjüngung und Transformation für _________ (wiederholen Sie die Bitte für Ihren physischen Körper).

Ich bin äußerst dankbar.
Danke.

Geisteskraft: Visualisieren Sie goldenes Licht, das im Bereich Ihrer Bitte leuchtet.

Denken Sie daran: *Sie werden von dem gesegnet, was Sie visualisieren.* Licht wirkt heilsam, segnend, verjüngend und transformierend. Eine altehrwürdige Weisheit lehrt: *Jin Guang Zhao Ti, Bai Bing Xiao Chu,* was bedeutet: *Goldenes Licht erstrahlt im Körper, alle Krankheiten vergehen.*

Klangkraft: Chanten oder singen Sie wiederholt dieses dreizeilige Vergebungsmantra:

Ich vergebe dir bedingungslos.
Du vergibst mir bedingungslos.
Bringt Liebe, Frieden, Harmonie.

Denken Sie daran: *Sie werden zu dem, was Sie chanten.* Sie werden zu bedingungsloser, größter Vergebung. Jene, denen Sie geschadet haben, werden zu bedingungsloser, größter

Vergebung. Jene, die Ihnen geschadet haben, werden zu bedingungsloser, größter Vergebung. Liebe, Frieden und Harmonie kommen zu Ihnen, zu den Menschen, denen Sie geschadet haben, und zu jenen, die Ihnen geschadet haben.

Zeichenkraft: Zeichnen Sie den Schriftverlauf des Einsseins der „Tao-Kalligrafie *Da Kuan Shu*" (Größte Vergebung) nach (Abbildung 2, nach Seite 33) bringen Sie dabei die fünf Fingerspitzen einer Hand zusammen. Siehe Abbildung 3 auf der nächsten Seite.

Chanten und zeichnen Sie mindestens zehn Minuten lang. *Sie werden zu dem, was Sie nachzeichnen.* Je länger Sie chanten und zeichnen, desto besser kann Ihr Ergebnis ausfallen. Bei chronischen und schwer-wiegenden (zum Beispiel lebensbedrohlichen) Krankheiten sollten Sie insgesamt zwei Stunden am Tag chanten und zeichnen. Sie können diese Zeit auf mehrere Übungseinheiten aufteilen, aber die gesamte Übungszeit sollte zwei Stunden pro Tag betragen.

Abschluss: Beenden Sie Ihre Übung der Selbstheilung, Segnung, Verjüngung und Transformation, indem Sie sagen.

> *Hao. Hao. Hao.* (Mandarin für *gut, perfekt, gesund,* wird ausgesprochen wie *Hau)*

> *Danke. Danke. Danke.* (gerichtet an alle Seelen, die Sie in Ihrer Übung unterstützt haben)

> *Gong Song. Gong Song. Gong Song.* (Mandarin für: *Kehrt respektvoll zu euren Ebenen zurück*, gerichtet an die äußeren Seelen, die Sie angerufen haben, ausgesprochen *Gong Szong* mit langem *oh)*

~ ~ ~

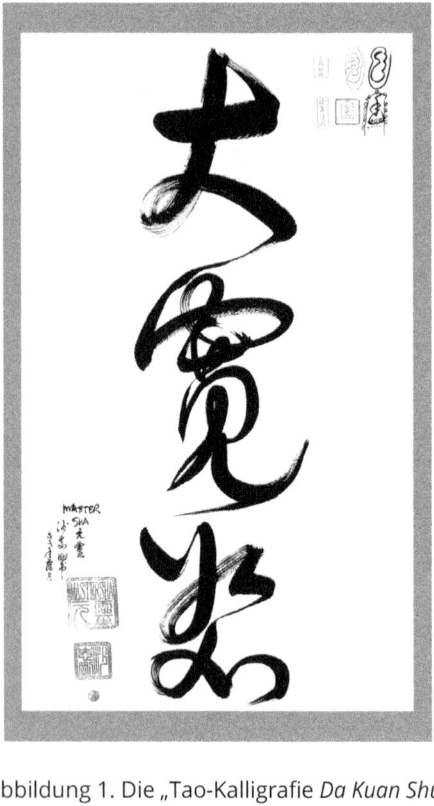

Abbildung 1. Die „Tao-Kalligrafie *Da Kuan Shu*“

Abbildung 2. Der Schriftverlauf des Einsseins der „Tao-Kalligrafie Da Kuan Shu“

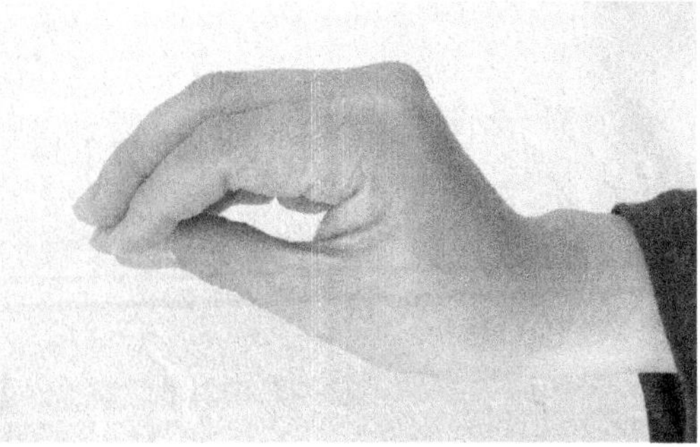

Abbildung 3: „Fünf Finger Zeichenkraft Handhaltung"

Laut einer Studie in 2016 sind Menschen schmerzempfindlicher, wenn sie Ungerechtigkeit empfinden. Aufrichtige Vergebung hilft, unsere Wut, die Opferhaltung und andere Reaktionen mit negativem Shen Qi Jing loszulassen. Das kann zu einem Rückgang der körperlichen Schmerzen führen.

~ ~ ~

Ich möchte hier weitergeben, wie eine Schülerin mehrfach sowohl körperlich als auch emotional davon profitiert hat, sich in Vergebung zu üben:

Ich habe lange gebraucht, bis ich den Wert und die Kraft der Vergebungsübungen erkannte, und mein Verständnis kann mit Sicherheit noch wachsen und tiefer werden.

Immer, wenn ich Schmerzen irgendwelcher Art habe, mache ich eine Vergebungsübung. Indem ich das tue und die Kraft von Herz und Seele in die Übung lege, lindere ich regelmäßig Schmerzen in verschiedenen Bereichen meines Körpers, zum Beispiel im Kopf, Nacken und Bauch.

Es überrascht mich immer noch, dass ich dadurch Linderung meiner Schmerzen erlebe. Genauso ist es, wenn ich in Wut und Böswilligkeit gegenüber einer anderen Person feststecke, oder einfach nur aus Enttäuschung über das Leben. Auch in diesen

Situationen habe ich Befreiung von solchen Gefühlen erfahren.

Jedes Mal, wenn ich das erlebe, wird mein Verständnis für die Bedeutung von Vergebung tiefer. Ich bin sehr dankbar.

Femke S.
Deutschland

~ ~ ~

Alle Übungen in diesem Kapitel sind *aktive Handlungen* zur Selbstheilung und Transformation. Entspannen Sie mit der Klangkraft (chanten Sie das dreizeilige Mantra der Vergebung) und der Zeichenkraft (folgen Sie dem Schriftverlauf des Einsseins der Tao-Kalligrafie *Da Kuan Shu*). Vielleicht spüren Sie, wie Ihre Herausforderungen von Ihnen abfließen.

Jetzt wollen wir eine Vergebungsübung durchführen und dabei die Tao-Kalligrafie nachzeichnen, um unausgeglichene Emotionen ins Gleichgewicht zu bringen und zu transformieren.

Emotionaler Körper

Zu den Herausforderungen des emotionalen Körpers zählen Wut, Depression, Angst, Besorgtheit, Traurigkeit, Trauer, Furcht und mehr.

Wahrscheinlich haben Sie schon erlebt, dass unausgeglichene Emotionen zu Energieverlust, geschwächter Immunabwehr oder körperlichen Beschwerden führen. Seit fünftausend Jahren beachtet die altehrwürdige chinesische Philosophie und die traditionelle chinesische Medizin eine starke Verbindung zwischen dem emotionalen und dem physischen Körper. In der Theorie der Fünf Elemente verbinden sie bestimmte Emotionen mit spezifischen Organen.

Die Theorie der Fünf Elemente und ihre Anwendungen haben im Laufe der Geschichte Millionen von Menschen geholfen, haben Krankheiten geheilt und Seele, Herz, Körper und Geist verjüngt. Die fünf Elemente der Natur (Holz, Feuer, Erde, Metall und Wasser) fassen die inneren Organe, Sinnesorgane, Körpergewebe, den emotionalen Körper und andere Teile eines Menschen zusammen und kategorisieren sie. Abbildung 4 auf der nächsten Seite zeigt die Essenz dieser Weisheit.

Wir wenden die Weisheit der fünf Elemente in den folgenden Übungen an, um unser negatives Shen Qi Jing, das mit verschiedenen Unausgeglichenheiten des emotionalen Körpers zusammenhängt, selbst zu heilen und zu transformieren.

Selbstheilung und Transformation von Wut

Wut steht mit Feindseligkeit in Verbindung und kann aus einer Unfähigkeit zu vergeben entstehen. Eine zehnjährige Stichprobenstudie bei amerikanischen Erwachsenen, die 2018 endete, ergab, dass größere Wut mit der Entwicklung von stärkeren kognitiven Beeinträchtigungen einherging, diese Auswirkungen aber durch mehr Vergebung, vor allem gegenüber sich selbst, verringert werden konnten.

~ ~ ~

Körperkraft: Legen Sie eine Handfläche unterhalb des Bauchnabels auf Ihren Unterbauch. Er ist das Fundament Ihrer Seele, Ihres Herzens, Ihres Geistes, Ihrer Energie und Materie. Legen Sie Ihre andere Handfläche über Ihre Leber. Die Leber ist im Element Holz mit der Wut verbunden. *Dort, wo Sie Ihre Hände hinlegen, erhalten Sie Unterstützung.*

Seelenkraft: „*Sag Hallo Anrufung*" der äußeren und inneren Seelen (*Wen Sie anrufen, von dem erhalten Sie Unterstützung*):

Element	Yin-Organ	Yang-Organ	Körper-gewebe	Sinn	Unausgeglichene Emotion	Ausgeglichene Emotion	Finger
Holz	Leber	Gallenblase	Sehnen Nägel	Augen Sehvermögen	Wut	Geduld	Zeige-finger
Feuer	Herz	Dünndarm	Blutgefäße	Zunge Geschmackssinn	Depression Angst Erregbarkeit	Freude	Mittel-finger
Erde	Milz	Magen	Muskeln	Mund Lippen Sprache	Besorgtheit	Liebe Mitgefühl	Daumen
Metall	Lunge	Dickdarm	Haut	Nase Geruchssinn	Trauer Traurigkeit	Mut	Ring-finger
Wasser	Nieren	Blase	Knochen Gelenke	Ohren Gehör	Furcht	Gelassenheit	Kleiner Finger

Abbildung 4: Fünf Elemente

Liebe Quelle, liebes Göttliche,
all ihr spirituellen Väter und Mütter in allen Ebenen,
lieber Himmel, liebe Mutter Erde,
all ihr unzähligen Planeten, Sterne, Galaxien und Universen,
all ihr lieben Seelen, denen meine Ahnen oder ich im Zusammenhang mit Wut in diesem oder anderen Leben Schaden zugefügt haben,
liebes Shen Qi Jing meiner Leber,
ich liebe euch alle.
Bitte vergebt meinen Ahnen und mir die Fehler, die wir in diesem und anderen Leben im Zusammenhang mit Wut begangen haben und wir wütend auf andere waren oder andere erzürnt haben.
Wir vergeben bedingungslos allen, die in meinen Ahnen oder mir Wut verursacht haben oder die uns in allen Leben in ihrer Wut verletzt haben.
Bitte wirkt heilsam und transformierend auf meine Wut.

Ich bin äußerst dankbar.
Danke.

Geisteskraft: Visualisieren Sie, wie Ihre Leber goldenes Licht ausstrahlt. *Was Sie visualisieren, das segnet Sie.*

Klangkraft: Chanten oder singen Sie wiederholt (*Sie werden zu dem, was Sie chanten*):

Ich vergebe dir bedingungslos.
Du vergibst mir bedingungslos.
Bringt Liebe, Frieden, Harmonie.

Zeichenkraft: Zeichnen Sie den Schriftverlauf des Einsseins der Tao-Kalligrafie *Da Kuan Shu* (Größte Vergebung) nach (Abbildung 2), bringen Sie dabei die fünf Fingerspitzen einer Hand zusammen (Abbildung 3). *Sie werden zu dem, was Sie nachzeichnen.* Die „Fünf Finger Zeichenkraft Handhaltung" besitzt eine große Kraft für die Selbstheilung, Segnung, Verjüngung und Transformation. Jeder Finger repräsentiert eins der fünf Elemente. So verbinden

Sie das Shen Qi Jing aller Ihrer fünf Elemente mit dem Shen Qi Jing der Tao-Quelle.

Chanten und zeichnen Sie mindestens zehn Minuten lang. Je länger Sie chanten und zeichnen, desto besser kann Ihr Ergebnis ausfallen. Sollten Sie chronische oder schwerwiegende Probleme mit Wut haben, chanten und zeichnen Sie insgesamt zwei Stunden pro Tag. Sie können diese Zeit auf mehrere Übungseinheiten aufteilen, aber die gesamte Übungszeit sollte mindestens zwei Stunden pro Tag betragen.

Abschluss: Beenden Sie Ihre Übungssitzung zur Selbstheilung und Transformation, indem Sie sagen:

> *Hao. Hao. Hao.*
> *Danke. Danke. Danke.*
> *Gong Song. Gong Song. Gong Song.*

~ ~ ~

Die heilsamen Übungen, zu denen ich Sie anleite, bringen viele der nachgewiesenen Vorzüge der Meditation mit sich. Der ruhige, entspannte meditative Zustand, den Sie beim Nachzeichnen der Tao-Kalligrafie erreichen, ist hilfreich, die Vorzüge des Nachzeichnens zu erklären. Wenn Sie meditieren, bilden die Zellen Ihres Gehirns neue Verbindungen aus. Die physische Struktur Ihres Gehirns verändert sich. Der Teil des Gehirns, der die Emotionen reguliert, wird gestärkt und wirkt besonders negativen Gefühlen wie Furcht, Angst und Depression entgegen. Je länger Sie üben, desto länger halten die Veränderungen an.

Selbstheilung und Transformation von Depression und Nervosität

Körperkraft: Legen Sie eine Handfläche unterhalb des Bauchnabels auf Ihren Unterbauch. Legen Sie die andere Handfläche über Ihr Herz. Das Herz ist im Element Feuer mit Depressionen und Angst verbunden. Vielleicht haben Sie schon einmal erlebt oder von jemandem gehört, dass das Herz „schwer" ist oder „flattert".

Seelenkraft: „*Sag Hallo Anrufung*" der äußeren und inneren Seelen:

Liebe Quelle, liebes Göttliche,
all ihr spirituellen Väter und Mütter in allen Ebenen,
lieber Himmel, liebe Mutter Erde,
all ihr unzähligen Planeten, Sterne, Galaxien und Universen,
All ihr lieben Seelen, denen meine Ahnen oder ich im Zusammenhang mit Depression und Angst in diesem und allen anderen Leben Schaden zugefügt haben,
liebes Shen Qi Jing meines Herzens,
ich liebe euch alle.
Bitte vergebt meinen Ahnen und mir die Fehler, die wir in diesem und allen anderen Leben begangen haben, die bei anderen Depressionen oder Angst verursacht haben,

oder wenn wir andere durch unsere Depressionen oder Angst verletzt haben.
Wir vergeben bedingungslos allen, die bei meinen Ahnen oder mir in diesem und allen anderen Leben Depressionen oder Angst verursacht haben.
Bitte wirkt heilsam und transformierend auf meine Depression und Angst.
Ich bin äußerst dankbar.
Danke.

Geisteskraft: Visualisieren Sie, wie Ihr Herz goldenes Licht ausstrahlt.

Klangkraft: Chanten oder singen Sie wiederholt:

Ich vergebe dir bedingungslos.
Du vergibst mir bedingungslos.
Bringt Liebe, Frieden, Harmonie.

Zeichenkraft: Zeichnen Sie den Schriftverlauf des Einsseins der „Tao-Kalligrafie *Da Kuan Shu*“ (Größte Vergebung) nach (Abbildung 2).

Bringen Sie die fünf Fingerspitzen einer Hand zusammen (Abbildung 3).

Chanten und zeichnen Sie mindestens zehn Minuten lang. Je länger Sie chanten und zeichnen, desto besser kann Ihr Ergebnis ausfallen. Wenn Sie chronische oder schwerwiegende Depressionen oder Ängste haben, chanten und zeichnen Sie insgesamt zwei Stunden pro Tag. Sie können diese Zeit auf mehrere Übungseinheiten aufteilen, aber die gesamte Übungszeit sollte mindestens zwei Stunden pro Tag betragen.

Abschluss: Beenden Sie Ihre Übungssitzung zur Selbstheilung und Transformation, indem Sie sagen:

Hao. Hao. Hao.
Danke. Danke. Danke.
Gong Song. Gong Song. Gong Song.

Selbstheilung und Transformation von Besorgtheit

Körperkraft: Legen Sie eine Handfläche unterhalb des Bauchnabels auf Ihren Unterbauch. Legen Sie die andere Handfläche über Ihre Milz. Die Milz ist im Element Erde mit Besorgtheit verbunden.

Seelenkraft: „*Sag Hallo Anrufung*" der äußeren und inneren Seelen:

Liebe Quelle, liebes Göttliche,
all ihr spirituellen Väter und Mütter in allen Ebenen,
lieber Himmel, liebe Mutter Erde,
all ihr unzähligen Planeten, Sterne, Galaxien und Universen,
all ihr lieben Seelen, denen meine Ahnen oder ich im Zusammenhang mit Besorgtheit in diesem und allen anderen Leben Schaden zugefügt haben,
liebes Shen Qi Jing meiner Milz,
Ich liebe euch alle.

Bitte vergebt meinen Ahnen und mir die Fehler, die wir in diesem und allen anderen Leben begangen haben, die bei anderen Besorgtheit verursacht haben, oder wenn wir andere durch unsere Besorgtheit verletzt haben.
Wir vergeben bedingungslos allen, die in meinen Ahnen oder mir in diesem und allen anderen Leben Besorgtheit verursacht haben.
Bitte wirkt heilsam und transformierend auf meine Besorgtheit.
Ich bin äußerst dankbar.
Danke.

Geisteskraft: Visualisieren Sie, wie Ihre Milz goldenes Licht ausstrahlt.

Klangkraft: Chanten oder singen Sie wiederholt:

Ich vergebe dir bedingungslos.
Du vergibst mir bedingungslos.
Bringt Liebe, Frieden, Harmonie.

Zeichenkraft: Zeichnen Sie den Schriftverlauf des Einsseins der „Tao-Kalligrafie *Da Kuan Shu*" (Größte Vergebung) nach (Abbildung 2). Bringen Sie dabei die fünf Fingerspitzen einer Hand zusammen (Abbildung 3).

Chanten und zeichnen Sie mindestens zehn Minuten lang. Je länger Sie chanten und zeichnen, desto besser kann Ihr Ergebnis ausfallen. Wenn Sie chronisch oder schwerwiegend besorgt sind, chanten und zeichnen Sie insgesamt zwei Stunden pro Tag. Sie können diese Zeit auf mehrere Übungseinheiten aufteilen, aber die gesamte Übungszeit sollte mindestens zwei Stunden pro Tag betragen.

Abschluss: Beenden Sie Ihre Übungssitzung zur Selbstheilung und Transformation, indem Sie sagen:

Hao. Hao. Hao.
Danke. Danke. Danke.
Gong Song. Gong Song. Gong Song.

Selbstheilung und Transformation von Traurigkeit und Trauer

Körperkraft. Legen Sie eine Handfläche unterhalb des Bauchnabels auf Ihren Unterbauch. Legen Sie die andere Handfläche über Ihre Lungen. (Wenn Sie möchten, können Sie die Hand während der Übung erst auf einen Lungenflügel, dann auf den anderen legen.) Die Lunge ist im Element Metall mit Traurigkeit und Trauer verbunden.

Seelenkraft. „*Sag Hallo Anrufung*" der äußeren und inneren Seelen:

Liebe Quelle, liebes Göttliche,
all ihr spirituellen Väter und Mütter in allen Ebenen,
lieber Himmel, liebe Mutter Erde,
all ihr unzähligen Planeten, Sterne, Galaxien und Universen,
all ihr lieben Seelen, denen meine Ahnen oder ich im Zusammenhang mit Traurigkeit und

Trauer in diesem und allen anderen Leben Schaden zugefügt haben,
liebes Shen Qi Jing meiner Lunge,
ich liebe euch alle.
Bitte vergebt meinen Ahnen und mir die Fehler, die wir in diesem und allen anderen Leben begangen haben, die bei anderen Traurigkeit und Trauer verursacht haben, oder wenn wir andere durch unsere Traurigkeit und Trauer verletzt haben.
Wir vergeben bedingungslos allen, die in meinen Ahnen oder mir in diesem und allen anderen Leben Traurigkeit oder Trauer verursacht haben.
Bitte wirkt heilsam und transformierend auf meine Traurigkeit und Trauer.
Ich bin äußerst dankbar.
Danke.

Geisteskraft: Visualisieren Sie, wie Ihre Lunge goldenes Licht ausstrahlt.

Klangkraft: Chanten oder singen Sie wiederholt:

Ich vergebe dir bedingungslos.
Du vergibst mir bedingungslos.
Bringt Liebe, Frieden, Harmonie.

Zeichenkraft: Zeichnen Sie den Schriftverlauf des Einsseins der „Tao-Kalligrafie *Da Kuan Shu*" (Größte Vergebung) nach (Abbildung 2). Bringen Sie dabei die fünf Fingerspitzen einer Hand zusammen (Abbildung 3).

Chanten und zeichnen Sie mindestens zehn Minuten lang. Je länger Sie chanten und zeichnen, desto besser kann Ihr Ergebnis ausfallen. Wenn Sie chronisch oder schwerwiegend unter Traurigkeit und Trauer leiden, chanten und zeichnen Sie insgesamt zwei Stunden pro Tag. Sie können diese Zeit auf mehrere Übungseinheiten aufteilen, aber die gesamte Übungszeit sollte mindestens zwei Stunden pro Tag betragen.

Abschluss: Beenden Sie Ihre Übungssitzung zur Selbstheilung und Transformation, indem Sie sagen:

Hao. Hao. Hao.
Danke. Danke. Danke.
Gong Song. Gong Song. Gong Song.

~ ~ ~

Eine psychotherapeutische Metastudie von 2016 ergab, dass theoretisch fundierte Vergebungsinterventionen eine gute Wahl sind, um Klienten im Umgang mit Fehlern aus der Vergangenheit zu unterstützen und ihnen dabei zu helfen, eine Lösung in Form von Vergebung zu erreichen.

~ ~ ~

Selbstheilung und Transformation von Furcht

Körperkraft: Legen Sie eine Handfläche unterhalb des Bauchnabels auf Ihren Unterbauch. Legen Sie Ihre andere Handfläche über eine Niere. (Wenn Sie möchten, können Sie während der Übung zwischen den Nieren wechseln.) Die

Nieren sind im Element Wasser mit der Furcht verbunden.

Seelenkraft. *„Sag Hallo Anrufung" der* äußeren und inneren Seelen:

Liebe Quelle, liebes Göttliche,
all ihr spirituellen Väter und Mütter in allen Ebenen,
lieber Himmel, liebe Mutter Erde,
all ihr unzähligen Planeten, Sterne, Galaxien und Universen,
all ihr lieben Seelen, denen meine Ahnen oder ich im Zusammenhang mit Furcht in diesem und allen anderen Leben Schaden zugefügt haben,
liebes Shen Qi Jing meiner Nieren,
ich liebe euch alle.
Bitte vergebt meinen Ahnen und mir die Fehler, die wir in diesem und allen anderen Leben begangen haben, die in anderen Furcht verursacht haben, oder wenn wir andere durch unsere Furcht verletzt haben.

Wir vergeben bedingungslos allen, die in meinen Ahnen oder mir in diesem und allen anderen Leben Furcht verursacht haben.
Bitte wirkt heilsam und transformierend auf meine Furcht.
Ich bin äußerst dankbar.
Danke.

Geisteskraft: Visualisieren Sie, wie Ihre Nieren goldenes Licht ausstrahlen.

Klangkraft: Chanten oder singen Sie wiederholt:

Ich vergebe dir bedingungslos.
Du vergibst mir bedingungslos.
Bringt Liebe, Frieden, Harmonie.

Zeichenkraft: Zeichnen Sie den Schriftverlauf des Einsseins die Tao-Kalligrafie *Da Kuan Shu* (Größte Vergebung) nach (Abbildung 2). Bringen Sie dabei die fünf Fingerspitzen einer Hand zusammen (Abbildung 3).

Chanten und zeichnen Sie mindestens zehn Minuten lang. Je länger Sie chanten und zeichnen, desto besser kann Ihr Ergebnis ausfallen. Wenn Sie chronische oder schwerwiegende Ängste haben, chanten und zeichnen Sie insgesamt zwei Stunden pro Tag nach. Sie können diese Zeit auf mehrere Übungseinheiten aufteilen, aber die gesamte Übungszeit sollte mindestens zwei Stunden pro Tag betragen.

Abschluss: Beenden Sie Ihre Übungssitzung zur Selbstheilung und Transformation, indem Sie sagen:

Hao. Hao. Hao.
Danke. Danke. Danke.
Gong Song. Gong Song. Gong Song.

~ ~ ~

Mithilfe von bildgebenden Verfahren für das Gehirn wurde festgestellt, dass beim Meditieren die Verbindungen der

Frontallappen aktiviert werden. Dies wirkt sich direkt auf das limbische System des Gehirns aus, welches wiederum die Emotionen kontrolliert. Die erste Studie, die solche Veränderungen zeigte, wurde 2005 in der Zeitschrift NeuroReport veröffentlicht. Mithilfe von MRT-Scans wurden die Gehirne von Menschen, die seit langem, im Durchschnitt seit neun Jahren, meditierten, mit solchen von Menschen verglichen, die nicht meditierten. Die Ergebnisse zeigten, dass die Menschen, die meditierten eine dickere Hirnrinde aufwiesen als die Kontrollgruppe, dass also der für die Informationsverarbeitung verantwortliche Bereich bei ihnen stärker ausgeprägt war. Neuere Untersuchungen deuten darauf hin, dass die ersten positiven Auswirkungen schon nach acht Wochen auftreten können.

~ ~ ~

Mentaler Körper

Ich freue mich, hier altehrwürdige heilige Weisheiten und Übungen weitergeben zu dürfen. Die geheime Weisheit lehrt, dass sich Geist und Seele im Herzen befinden. Deshalb nutzen Sie das Herz zur Selbstheilung bei allen geistigen Herausforderungen und Beschwerden als geheime Übung.

Körperkraft: Legen Sie eine Handfläche unterhalb des Bauchnabels auf Ihren Unterbauch. Er ist das Fundament Ihrer Seele, Ihres Herzens, Ihres Geistes, Ihrer Energie und Materie. Legen Sie die andere Handfläche über Ihr Herz.

Seelenkraft. *„Sag Hallo Anrufung"* der äußeren und inneren Seelen:

Liebe Quelle, liebes Göttliche,
all ihr spirituellen Väter und Mütter in allen Reichen,
lieber Himmel, liebe Mutter Erde,
all ihr unzähligen Planeten, Sterne, Galaxien und Universen,

all ihr lieben Seelen, denen meine Ahnen oder ich im Zusammenhang mit geistigen Herausforderungen und Beschwerden in diesem und allen anderen Leben Schaden zugefügt haben,

liebes Shen Qi Jing meines Herzens und meines Geistes, ich liebe euch alle.

Bitte vergebt meinen Ahnen und mir die Fehler, die wir in diesem und allen anderen Leben begangen haben, die bei anderen geistige Herausforderungen und Beschwerden verursacht haben, oder wenn wir andere durch unsere geistigen Herausforderungen verletzt haben. Wir vergeben bedingungslos allen, die für meine Ahnen oder mich in diesem und allen anderen Leben geistige Herausforderungen verursacht haben.

Bitte wirkt heilsam auf mein/e/n ________ (nennen Sie Ihre geistige Herausforderung oder bitten Sie um etwas für Ihren Geist, z. B. negative Denkweisen, Einstellungen oder Über-

> zeugungen, Ego oder Anhaftungen, Beurteilungen oder Selbstzweifel aufzulösen, usw.)
>
> *Ich bin äußerst dankbar.*
> *Danke.*

Geisteskraft: Visualisieren Sie, wie Ihr Herz und Ihr Geist goldenes Licht ausstrahlen.

Klangkraft: Chanten oder singen Sie wiederholt:

> *Ich vergebe dir bedingungslos.*
> *Du vergibst mir bedingungslos.*
> *Bringt Liebe, Frieden, Harmonie.*

Zeichenkraft: Zeichnen Sie den Schriftverlauf des Einsseins der „Tao-Kalligrafie *Da Kuan Shu*" (Größte Vergebung) nach (Abbildung 2). Bringen Sie dabei die fünf Fingerspitzen einer Hand zusammen (Abbildung 3).

Chanten und zeichnen Sie mindestens zehn Minuten lang. Je länger Sie chanten und zeichnen, desto besser kann Ihr Ergebnis ausfallen. Wenn Sie chronische oder schwerwiegende mentale Blockaden oder Beschwerden haben, chanten und zeichnen Sie insgesamt zwei Stunden pro Tag. Sie können diese Zeit auf mehrere Übungseinheiten aufteilen, aber die gesamte Übungszeit sollte mindestens zwei Stunden pro Tag betragen.

Abschluss: Beenden Sie Ihre Übungssitzung zur Selbsteilung und Transformation, indem Sie sagen:

Hao. Hao. Hao.
Danke. Danke. Danke.
Gong Song. Gong Song. Gong Song.

Spiritueller Körper

Ich habe die heilige Weisheit und Übung weitergegeben, um den geistigen Körper selbst zu heilen: Geist und Seele befinden sich im Herzen.

Deshalb ist das Herz auch der Weg zur Selbstheilung des spirituellen Körpers.

Körperkraft. Legen Sie eine Handfläche unterhalb des Bauchnabels auf Ihren Unterbauch. Er ist das Fundament Ihrer Seele, Ihres Herzens, Ihres Geistes, Ihrer Energie und Materie. Legen Sie die andere Handfläche über Ihr Herz.

Seelenkraft. „*Sag Hallo Anrufung*" der äußeren und inneren Seelen:

Liebe Quelle, liebes Göttliche,
all ihr spirituellen Väter und Mütter in allen Ebenen,
lieber Himmel, liebe Mutter Erde,
all ihr unzähligen Planeten, Sterne, Galaxien und Universen,
all ihr lieben Seelen, denen meine Ahnen oder ich im Zusammenhang mit der spirituellen Reise in diesem und allen anderen Leben Schaden zugefügt haben,
liebes Shen Qi Jing meines Herzens,
ich liebe euch alle.

Bitte vergebt meinen Ahnen und mir alle Fehler, die wir in diesem und allen anderen Leben begangen haben und die Herausforderungen während der spirituellen Reise verursacht haben.
Wir vergeben bedingungslos allen, die meinen Ahnen oder mir in diesem und allen anderen Leben Herausforderungen auf der spirituellen Reise verursacht haben.
Bitte wirkt heilsam auf meinen spirituellen Körper und wirkt segnend auf meine spirituelle Reise.
Ich bin äußerst dankbar.
Danke.

Geisteskraft: Visualisieren Sie, wie Ihr Herz goldenes Licht ausstrahlt.

Klangkraft. Chanten oder singen Sie wiederholt:

Ich vergebe dir bedingungslos.
Du vergibst mir bedingungslos.
Bringt Liebe, Frieden, Harmonie.

Zeichenkraft: Zeichnen Sie den Schriftverlauf des Einsseins der „Tao-Kalligrafie *Da Kuan Shu*" (Größte Vergebung) nach (Abbildung 2). Bringen Sie dabei die fünf Fingerspitzen einer Hand zusammen (Abbildung 3).

Chanten und zeichnen Sie mindestens zehn Minuten lang. Je länger Sie chanten und zeichnen, desto besser kann Ihr Ergebnis ausfallen.

Abschluss: Beenden Sie Ihre Übungssitzung zur Selbstheilung und Transformation, indem Sie sagen:

Hao. Hao. Hao.
Danke. Danke. Danke.
Gong Song. Gong Song. Gong Song.

Transformation von Beziehungen

Beziehungen sind ein großes Thema für die Menschheit. Wir haben Beziehungen zu allen Lebewesen und Dingen in unserem Leben. Wir haben Beziehungen in der Familie, zu Freund(inn)en und am Arbeitsplatz. Organisationen und Unternehmen haben Beziehungen. Wir haben Beziehungen zu Organisationen und Unternehmen. Städte und Länder haben Beziehungen. Wir haben Beziehungen zu Städten und Ländern. Alle diese Beziehungen und noch mehr können sich tiefgreifend auf unser Leben auswirken.

Ich freue mich, die Weisheit eines heiligen und geheimen Körperbereichs weiterzugeben, der heilsam auf Beziehungen aller Art wirken kann. Dieser Körperbereich liegt direkt vor dem Akupunkturpunkt Ming Men. „Ming" bedeutet *Leben*. „Men" bedeutet *Tor*. Ming Men ist das *Lebenstor*. Der Akupunkturpunkt Ming Men befindet sich am unteren Rücken direkt hinter dem Bauchnabel. Der heilige, geheime Körperbereich, der mit dem Ming Men-Punkt zusammenhängt, ist faustgroß. Siehe Abbildung 5. Dieser heilige Körperbereich kann heilsam auf alle Beziehungen wirken.

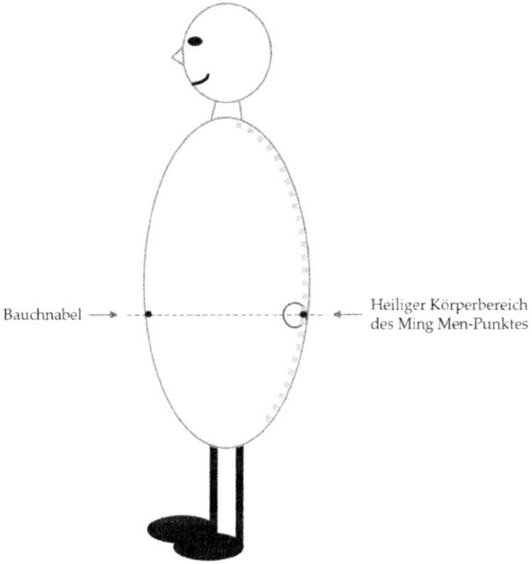

Abbildung 5: Ming Men-Punkt und der damit zusammenhängende heilige, geheime Körperbereich für Beziehungen

Körperkraft: Legen Sie eine Handfläche über Ihren Bauchnabel. Legen Sie die andere Handfläche über den Ming Men-Akupunkturpunkt auf dem Rücken direkt hinter dem Bauchnabel.

Seelenkraft. *„Sag Hallo Anrufung"* der äußeren und inneren Seelen:

Liebe Quelle, liebes Göttliche,
all ihr spirituellen Väter und Mütter in allen Reichen,
lieber Himmel, liebe Mutter Erde,
all ihr unzähligen Planeten, Sterne, Galaxien und Universen,
all ihr lieben Seelen, denen meine Ahnen oder ich im Zusammenhang mit Beziehungen in diesem und allen anderen Leben Schaden zugefügt haben,
liebes Shen Qi Jing meines Ming Men-Punktes und seines Körperbereiches,
ich liebe euch alle.
Bitte vergebt meinen Ahnen und mir alle Fehler, die wir in diesem und allen anderen Leben begangen haben und die Herausforderungen in Beziehungen verursacht haben.
Wir vergeben bedingungslos allen, die den Beziehungen meiner Ahnen oder meinen

Beziehungen in diesem und allen anderen
Leben Schaden zugefügt haben.
Bitte wirkt heilsam auf meine Beziehungen zu
_________ (nennen Sie die Beziehungen,
für die Sie um Heilung bitten).
Ich bin äußerst dankbar.
Danke.

Geisteskraft: Visualisieren Sie, wie Ihr Ming Men-Punkt und seine Umgebung goldenes Licht ausstrahlen.

Klangkraft. Chanten oder singen Sie wiederholt:

Ich vergebe dir bedingungslos.
Du vergibst mir bedingungslos.
Bringt Liebe, Frieden, Harmonie.

Zeichenkraft: Zeichnen Sie den Schriftverlauf des Einsseins der „Tao-Kalligrafie *Da Kuan Shu*" (Größte Vergebung) nach (Abbildung 2). Bringen Sie dabei die fünf Fingerspitzen einer Hand zusammen (Abbildung 3).

Chanten und zeichnen Sie mindestens zehn Minuten lang. Je länger Sie chanten und zeichnen, desto besser kann Ihr Ergebnis ausfallen. Wenn Sie langwierige oder schwerwiegende Beziehungsprobleme haben, chanten und zeichnen Sie insgesamt zwei Stunden pro Tag. Sie können diese Zeit auf mehrere Übungseinheiten aufteilen, aber die gesamte Übungszeit sollte mindestens zwei Stunden pro Tag betragen.

Abschluss: Beenden Sie Ihre Übungssitzung zur Selbstheilung und Transformation, indem Sie sagen:

Hao. Hao. Hao.
Danke. Danke. Danke.
Gong Song. Gong Song. Gong Song.

~ ~ ~

Hier folgt ein kurzer, wunderschöner Bericht über die Kraft der Vergebung, die eine blockierte Beziehung — innerhalb von 15 Minuten transformierte:

Ich spürte eine Spannung zwischen mir und meiner Frau, als sie eines Abends das Zimmer verließ, also nahm ich das Buch Größte Liebe[4] *und fand darin eine Vergebungsübung für Beziehungen. Ich zeichnete etwa fünfzehn Minuten lang die Tao-Quelle-Kalligrafie aus dem Buch nach und spürte, wie die Spannung verflog.*

Kurz darauf kam meine Frau zurück ins Zimmer und lächelte über das ganze Gesicht. Die Spannung zwischen uns war verschwunden!

Tim Jones
Oregon

~ ~ ~

---

[4] Größte Liebe: Öffnen Sie in 30 Minuten Ihr tägliches Leben mit der Kraft der bedingungslosen Liebe, Cardiff, CA/Richmond Hill, ON: Waterside Productions/Heaven's Library Publication Corp., 2020.

In Kapitel 4 finden Sie weitere berührende Erlebnisse mit der Kraft der Vergebung für die Selbstheilung und Transformation von Beziehungen.

Transformation von Finanzen und Geschäftliches

Ich freue mich, eine weitere heilige, geheime Weisheit weitergeben zu können, um Finanzen und Geschäftliches zu transformieren. In altehrwürdigen Übungen für Seele, Herz, Geist und Körper gibt es einen heiligen Körperbereich im Unterbauch. Als Unterer Dan Tian ist er Energietherapeut(inn)en, sowie Tai Chi- und Qi Gong-Therapeut(inn)en und Kampfsportler(inne)n bekannt.

Der Untere Dan Tian ist faustgroß und hat sein Zentrum etwa fünf bis acht Zentimeter unter dem Bauchnabel, etwas näher an der Vorderseite des Körpers als an der Rückseite. Siehe Abbildung 6.

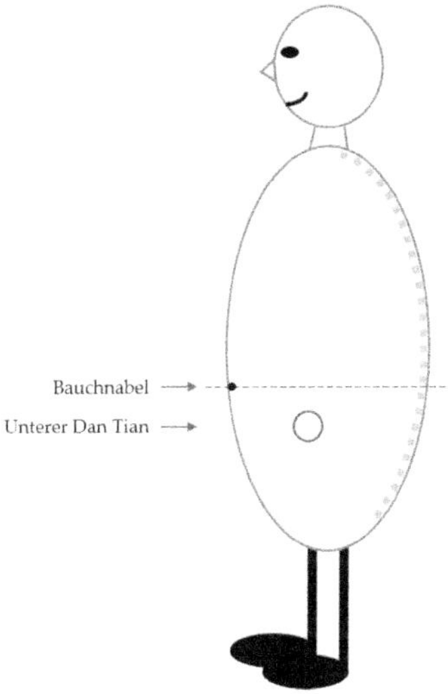

Abbildung 6. Unterer Dan Tian — heiliger, geheimer Körperbereich für Finanzen und Geschäftliches

Dieser Bereich kann das Shen Qi Jing von Finanzen und Geschäftlichem unvorstellbar transformieren.

Körperkraft: Legen Sie eine Handfläche über Ihren Bauchnabel. Legen Sie die andere Handfläche direkt darunter, um Ihren Unteren Dan Tian vollständig abzudecken.

Seelenkraft: *„Sag Hallo Anrufung"* der äußeren und inneren Seelen:

Liebe Quelle, liebes Göttliche,
all ihr spirituellen Väter und Mütter in allen Ebenen,
lieber Himmel, liebe Mutter Erde,
all ihr unzähligen Planeten, Sterne, Galaxien und Universen,
all ihr lieben Seelen, denen meine Ahnen oder ich im Zusammenhang mit Finanzen oder Geschäftlichem in diesem und allen anderen Leben Schaden zugefügt haben,
liebes Shen Qi Jing meines Unteren Dan Tian,
ich liebe euch alle.
Bitte vergebt meinen Ahnen und mir alle Fehler, die wir in diesem und allen anderen Leben begangen haben und

Herausforderungen in Finanzen und Geschäftlichem verursacht haben.
Wir vergeben bedingungslos allen, welche die Finanzen oder das Geschäftliche von meinen Ahnen oder mir in diesem und allen anderen Leben geschädigt haben.
Bitte wirkt heilsam und transformierend auf meine Finanzen und Geschäftliches.
Ich bin äußerst dankbar.
Danke.

Geisteskraft: Visualisieren Sie, wie Ihr Unterer Dan Tian goldenes Licht ausstrahlt.

Klangkraft: Chanten oder singen Sie wiederholt:

Ich vergebe dir bedingungslos.
Du vergibst mir bedingungslos.
Bringt Liebe, Frieden, Harmonie.

Zeichenkraft: Zeichnen Sie den Schriftverlauf des Einsseins der „Tao-Kalligrafie *Da Kuan Shu*" (Größte Vergebung) nach (Abbildung 2).

Bringen Sie dabei die fünf Fingerspitzen einer Hand zusammen (Abbildung 3).

Chanten und zeichnen Sie mindestens zehn Minuten lang. Je länger Sie chanten und zeichnen, desto besser kann Ihr Ergebnis ausfallen.

Abschluss: Beenden Sie Ihre Übungssitzung zur Selbstheilung und Transformation, indem Sie sagen:

> *Hao. Hao. Hao.*
> *Danke. Danke. Danke.*
> *Gong Song. Gong Song. Gong Song.*

~ ~ ~

Ich möchte von einem unerwarteten Geldsegen berichten, der sich nach einer Vergebungsübung einstellte:

> *Vergebungsübungen haben mir geholfen, viele Bereiche meines Lebens zu transformieren. Ein beeindruckendes Erlebnis hatte*

ich 2012 während einer Vergebungsübung, als Master Sha die Schüler(innen) in einem fortgeschrittenen Programm aufforderte, dreißig Tage lang sich täglich eine Stunde in Vergebung zu üben.

Die Übung selbst ist einfach und direkt. Wenn sich meine Blockaden jedoch bemerkbar machen, muss ich manchmal all meine innere Kraft aufbieten, um die Übung durchzuführen! Zu dieser Zeit stand ich vor einer finanziellen Herausforderung und brauchte so schnell wie möglich zusätzliches Geld.

Eines Tages war ich meiner Vergebungsübung den ganzen Tag aus dem Weg gegangen und hatte stattdessen alles Mögliche andere getan — Geschirr spülen, staubsaugen, den Hund ausführen und noch mehr.

Schließlich hatte ich keine andere Möglichkeit mehr und machte mich doch an die

Übung. Ich setzte mich, zwang mich buchstäblich zu einer Anrufung und sang das Lied des Herzens Love, Peace and Harmony.[5] *Anfangs war ich gereizt beim Singen, aber nach etwa zwanzig bis dreißig Minuten erlebte ich eine große Befreiung und begann zu weinen. Nachdem das passiert war, ging es mir sofort besser, und ich sang für den Rest der Stunde weiter. Pünktlich zur sechzigsten Minute hörte ich einen Signalton an meinem Handy, der den Eingang einer SMS meldete. Ich beendete die Übung und las die Nachricht. Es war eine Zahlungsbenachrichtigung aus einer völlig unerwarteten Quelle. Über mehrere hundert Dollar! Ein sofortiger Geldsegen!*

Ich bin so dankbar für die Vergebungsübung, die uns die Kraft gibt, unsere Herzen

---

[5] Auf LovePeaceHarmony.org finden Sie weitere Informationen und eine kostenlose mp3-Datei des Liedes als Download, das Sie bei Ihren Vergebungsübungen anwenden können.

und Seelen, unseren Geist und Körper zu reinigen. Jetzt übe ich mindestens einmal am Tag und sofort in dem Augenblick, wenn eine Herausforderung oder eine Disharmonie auftritt.

Übt Vergebung. Wenn alle Vergebung üben würden, wie anders sähe dann unsere Welt aus.

Pamela Carmo
Florida

~ ~ ~

Vergebungsübungen mit der Tao-Kalligrafie gehören zu den kraftvollsten Techniken, die alle Aspekte Ihres Lebens transformieren können.

Üben Sie. Üben Sie. Üben Sie.

Vergeben Sie. Vergeben Sie. Vergeben Sie.

Ihnen wird vergeben. Ihnen wird vergeben. Ihnen wird vergeben.

Je mehr Sie sich in Vergebung üben, desto stärker werden alle Aspekte Ihres Lebens erblühen und Erfolge hervorbringen.

Vergebung ist entscheidend für Liebe, Frieden und Harmonie.

4

Weitere berührende Berichte von Vergebung

KURZ NACH SEINER Entlassung, aus fast dreißigjähriger Haft in einem südafrikanischen Gefängnis, sprach Nelson Mandela 1990 vor einer Versammlung: „Vor allem sollten wir einander vergeben, denn wenn wir nur die Absicht heben zu vergeben, heilen wir nur einen Teil des Schmerzes, aber wenn wir wirklich vergeben, heilen wir ganz und gar."

Viele wissenschaftliche, psychologische und soziologische Studien haben die große Bandbreite von Vorteilen der Vergebung aufgezeigt, die durch Vergebung ausgelöst werden. Diese Vorteile zeigten sich in körperlicher Gesundheit, Zufriedenheit, Stressbelastung, geistigem Wohlbefinden, akademischen Leistungen, sozialer Anpassung, spiritueller Kraft und mehr.

Vergebung bringt nicht nur den Menschen großen Nutzen, die vergeben, bzw. denen vergeben wird. Auch unsere Familien, uns nahestehende Menschen, Beziehungen, Arbeitsplätze, Ahnen, Gemeinden, Gesellschaften und Länder, selbst Mutter Erde profitieren davon. Erzbischof Desmond Tutu leitete die Kommission für Wahrheit und Versöhnung in Südafrika, um nach dem Ende der Apartheid im Land Vergebung und Versöhnung zu fördern. Er ist überzeugt, dass Vergebung der Weg zum „wahren, dauerhaften Frieden“ sei.

In diesem Kapitel möchte ich sehr persönliche Berichte über die Kraft der Vergebung zur Selbstheilung und Transformation einbringen.

Alle, die einen Bericht beigetragen haben, waren tief bewegt. Ihre Selbstheilung, Transformation und Dankbarkeit sind so berührend.

Mögen diese Berichte Sie inspirieren, sich öfter in aufrichtiger Vergebung zu üben.

Beziehungen

Transformation von herausfordernder Familienbeziehung durch Vergebungsübung

Meine einzige Schwester hatte über zehn Jahre lang nicht mit mir gesprochen und ich wusste nicht, warum. Wenn ich ein Zimmer betrat, in dem sie sich aufhielt, ging sie hinaus. Sie reagierte nicht auf meine E-Mails oder Karten. Das Ganze steuerte auf einen Höhepunkt zu, als wir beide über fünfzig waren. Im Haus meiner Eltern griff mich meine Schwester tätlich an. Ich hob die Hände, um mein Gesicht vor ihren Schlägen zu schützen; das betrachtete ihr Hund als Angriff auf sie und biss mich. Ich war wütend und verwirrt. Meine Familie half mir kaum weiter, als ich mit ihnen darüber reden wollte.

Als ich von Vergebungsübungen hörte, rief ich sofort die Seele meiner Schwester für eine tägliche Übung an. Während der ersten Woche war der Widerstand extrem, aber in der zweiten Woche spürte ich ein stärkeres Fließen. In der dritten Woche besuchte ich meine Eltern, und meine Schwester redete mit mir!

Ich mache jetzt jeden Tag Vergebungsübungen, manchmal mehrere Stunden hintereinander. Meine Beziehungen sind viel leichter, glücklicher und nachsichtiger geworden. Ich weiß diese segensreiche Übung sehr zu schätzen.

Janet Jaworski
Syracuse, New York

Blockaden werden entfernt, die Liebe bleibt

Fünfundzwanzig Jahre lang war ich mit jemandem gut befreundet. Wir trafen uns oder telefonierten fast jeden Tag. Eines Tages hatten wir jedoch eine Meinungsverschiedenheit über etwas sehr Belangloses. Sie legte mitten im Telefonat auf und schickte mir eine E-Mail, dass ich mich nicht mehr bei ihr melden sollte. Ich war am Boden zerstört, respektierte aber ihren Wunsch und hielt mich fern.

Es vergingen einige Jahre und ich begann, von Master Sha zu lernen. Ich beschloss, eine Vergebungsübung mit ihrer Seele zu machen. Wenige Wochen später schickte sie mir eine E-Mail: „Ich bin sicher, dass du nie mehr mit mir reden willst, aber ich wollte dich wissen lassen, wie lieb ich dich habe, wie sehr ich dich vermisse und dass ich immer an dich denke." Ich antwortete ihr, dass ich sie ebenfalls liebhabe, und vergab ihr bedingungslos. Wir telefonierten und sind seit dem letzten Jahr wieder befreundet. Durch Vergebung wurde die Blockade entfernt und die Liebe blieb. Ich bin so dankbar. Vergebung ist so wunderbar!

L. S.
New Hampshire

Keine angespannten Beziehungen mehr!

Ich hatte gelesen, dass man vergeben, vergessen und loslassen muss. Ich habe zwar vergeben, aber oft nur in Worten, und ich erlebte keine Vorteile davon.

Der Bruder meines Mannes und seine Familie redeten nicht mit uns, und auch die Beziehung zwischen seinen Schwestern war angespannt.

Nachdem ich Heilpraktizierende geworden war, erkannte ich die Bedeutung von Vergebung. Ich machte täglich Vergebungsübungen und sang das Lied des Herzens Love, Peace and Harmony.[6] *Vergebungsübungen haben mir nicht nur innere Freude und inneren Frieden gegeben, sondern auch Licht in unsere angespannten Beziehungen. Sie wurden dadurch in Liebe transformiert. Jetzt ist das Verhältnis gut und ich sehe Liebe und Glück bei allen Familienmitgliedern.*

Meine Beziehungen und Finanzen, meine Gesundheit und viele andere Themen wurden durch Vergebungsübungen transformiert. Wann immer ich vor einer Herausforderung stehe, mache ich eine Vergebungsübung und kann zusehen, wie die

---

[6] Auf LovePeaceHarmony.org finden Sie weitere Informationen und eine kostenlose mp3-Datei des Liedes als Download, das Sie in Ihren Vergebungsübungen anwenden können.

Herausforderung sich transformiert. Alle Worte der Dankbarkeit für die Kraft der Vergebungsübungen sind viel zu gering für die Segnungen, die wir dadurch empfangen.

Rashmi M.
Indien

Versöhnung nach sechsundzwanzig Jahren Schmerz

Als ich etwa acht Jahre alt war, freundete ich mich mit drei Kindern in meiner Schule an. Wir blieben auch auf der weiterführenden Schule und an der Universität gut befreundet.

Nach dem Studium lief mein Leben nicht wirklich glatt. Ich hatte einen Streit mit einer meiner besten Freundinnen und wir lebten uns auseinander. Der Streit war mein Fehler, trotzdem machte ich ihr seinerzeit Vorwürfe.

Ich steckte in einer schlechten Beziehung fest und konnte keine gute Arbeitsstelle finden. Alles um mich herum war unangenehm.

Ich wusste, dass es meinen Freundinnen besser ging: Sie hatten gute Arbeitsstellen, heirateten, bekamen Kinder, kauften Häuser. Ich war neidisch und wollte sie nicht sehen, wenn sie versuchten, sich bei mir zu melden.

Die Jahre vergingen und ich hatte keinen Kontakt zu ihnen.

Eine dieser Freundinnen ging zu meinen Eltern und hinterließ eine Nachricht für mich, dass ich sie anrufen sollte, aber meine Sturheit und mein verschlossenes Herz hinderten mich daran.

Mein Leben verlief so schlecht, dass ich zu etlichen Wahrsager(inne)n ging, um Antworten zu finden, warum mir all das passierte. Sie konnten mir keine Antwort geben.

2015, als ich fünfzig Jahre alt war, nahm ich an einem Workshop mit Master Sha in Vancouver teil, und anschließend an weiteren Kursen und Workshops im Master Sha Centre Vancouver. Dort lernte ich die Bedeutung von Vergebungsübungen kennen. Anfangs war es ein Kampf für mich, die Übungen zu machen, aber ich hielt durch. Nach und nach öffnete sich mein Herz immer weiter. Mein Leben wurde besser.

Im Sommer 2015 kam eine meiner früheren besten Freundinnen zu meinen Eltern, und zufällig war auch meine Schwester gerade zu Besuch. Die Freundin sagte meiner Schwester, dass sie mich wirklich vermisste und mich treffen wollte. Als meine Schwester mir das sagte, zögerte ich immer noch, die Freundin anzurufen. Mir war es so peinlich, wie ich sie und unsere anderen Freundinnen behandelt hatte, und ich glaubte nicht, dass ich ihnen unter die Augen treten könnte.

Ich nahm diese Freundinnen zwei Wochen lang täglich in meine Vergebungsübungen auf. Dann, eines Tages, beschloss ich, der Freundin ein E-Mail zu schreiben und mich zu entschuldigen. Sie war sehr großmütig und nahm meine Entschuldigung an.

Außerdem gab sie mir die E-Mail-Adressen der anderen beiden Freundinnen. Ich schrieb auch an sie und entschuldigte mich. Beide waren sehr liebevoll und vergaben mir.

Wir beschlossen, uns vor Weihnachten zu treffen. Sechsund-zwanzig Jahre lang hatten wir uns nicht gesehen. Als wir uns endlich wiedersahen, fingen wir zu weinen an. Es war sehr emotional für mich. Ich dachte daran, wie viele Jahre mit diesen wunderbaren Frauen ich verpasst hatte, weil ich so kleinlich und neidisch gewesen war.

Wir verbrachten eine wunderbare Zeit miteinander und erzählten uns, was wir inzwischen erlebt hatten. Es war wie früher. Jetzt achten wir darauf, dass wir uns mindestens ein- oder zweimal im Jahr treffen.

Ich bin so dankbar für die Weisheit und die Vergebungsübung. Ich weiß, dass Vergebung diese Freundinnen wieder in mein Leben gebracht hat.

Yvonne L.
Vancouver, British Columbia

Unermessliche Erleichterung und Dankbarkeit

Mein lebhaftestes und lehrreichstes Erlebnis mit Vergebung hatte ich einige Jahre, bevor ich Master Sha traf. Von Ho'oponopono, einer hawaiianischen Übung zur Versöhnung und Vergebung hatte ich damals auch noch nichts gehört, dabei lernte ich durch sie die Vergebungsübung erstmals richtig kennen.

Zu dieser Zeit arbeiteten mein Mann und ich im Baugewerbe, ich als Malerin und Restaurateurin. Ich hatte einige Wochen lang für einen befreundeten Kunden gearbeitet und musste dann erfahren, dass er mir nur die Hälfte von dem bezahlte, was meine Arbeit wert war.

Ich war zornig und verletzt und es schien keine Möglichkeit zu geben, diese in meinen Augen betrügerische Kürzung meines Einkommens zu verhindern. Es fühlte sich an wie ein Geschwür oder eine wunde Stelle. Wochenlang machte ich mir Sorgen und regte mich auf.

Eines Tages ging ich mit meinen Hunden im Park spazieren und traf dabei diesen Kunden. Wir blieben stehen und schauten einander an, dann sagte ich plötzlich: „Ich vergebe dir." Das hatte ich gar nicht sagen wollen; es kam einfach über meine Lippen. Er umarmte mich und sagte: „Danke! Gott segne dich. Gott segne dich."

Ich spürte eine riesige Welle von Erleichterung, Licht, Liebe und Befreiung, die von meinen Füßen aus nach oben flutete. Es war ein unglaubliches Gefühl von Freiheit und Süße!

Diesen Augenblick und dieses Gefühl habe ich nie vergessen, und ich baue es heute noch in meine Vergebungsübungen ein. Ich erzähle denen, die ich um Vergebung bitte, von dieser großen Erleichterung und Dankbarkeit, die durch Vergebung entsteht.

Kristin
Highlands Ranch, Colorado

Nach zehn Minuten üben kam alles in Bewegung

Als ich Master Sha traf, hatte ich schon dreißig Jahre lang Vergebung geübt, dadurch ist mein Leben sicherlich glatter verlaufen. Das, was Master Shas Methode anders macht, ist ihre Einfachheit und die gesteckten Ziele, um ein bestimmtes Ergebnis zu erreichen.

Ich war in einer Situation, die mir großen Schmerz bereitete, und ich konnte es nicht ertragen, mit einer bestimmten Person in einem Haus zu sein. Dank meiner gezielten Vergebungsübungen von zehn Minuten mit den wichtigsten beteiligten Personen, kam alles in Bewegung. Ich konnte nach und nach mit der Situation umgehen. In meiner Akupunkturpraxis nutze ich diese Methode jetzt für Klient(inn)en, die bereit sind, ihren emotionalen Schmerz zu heilen.

Ich bin ewig dankbar, dass ich diese entscheidenden Schritte und die Möglichkeit kennenlernen konnte, Shen Qi Jing-Blockaden selbst aufzulösen, um die Reise durch das Leben leichter zu gestalten.

Unsere Welt leidet. Vergebung kann helfen, uns zu befreien.

H. L. Albers, M.Ac., L.Ac.
Locust Grove, Virginia

~ ~ ~

Vergebung ist keine gelegentliche Handlung. Sie ist eine lebenslange Einstellung.
—Martin Luther King Jr.

~ ~ ~

Finanzen

Längst überfällige Rechnungen vollständig beglichen

Ich habe viele wunderbare Geschichten von Vergebungsübungen zu erzählen und ich bin froh, dass ich zwei davon hier weitergeben kann.

2009 wurde ich in der Buchhaltung eines Herstellers für Zahnarztbedarf angestellt. Ich kümmerte mich um die Konten und die Außenstände. Es gab mehrere Kunden, die seit Jahren nicht gezahlt hatten. Meine Aufgabe war es, diese alten Schulden einzutreiben.

Ein Kunde hatte seit vier Jahren nichts bezahlt. Ich rief dort an und schrieb Briefe, einige davon fordernd und drohend, aber weitere achtzehn Monate lang erfolgte keine Reaktion. 2011 traf ich einige Lehrer(innen) der Tao Academy, hörte von Vergebungsübungen und erfuhr, wie wirksam sie sein könnten. Einige Wochen lang machte ich Vergebungsübungen mit diesem Kunden. Unvermittelt rief er an, sagte, dass er meinem Unternehmen Geld schuldete, und bat um die Kontonummer. Am nächsten Tag war das Geld auf unserem Konto. Nicht nur das, er zahlte sogar zu viel! Dank der Vergebungsübungen brauchte ich den Kunden nicht einmal mehr anzurufen! Es war ein Wunder.

Meine zweite Geschichte betrifft denselben Arbeitgeber. Eine weitere Kundin wollte die Rechnung für die Reparatur ihres Röntgengeräts nicht bezahlen.

Ich lief der Zahlung drei Monate lang nach. Einige Wochen lang machte ich Vergebungsübungen. Dann rief ich sie an und verlangte den ausstehenden Betrag. Sie war sehr unfreundlich und beschimpfte mich. Ich sagte, dass ich ihr vergab und sie liebte. Sie war sprachlos! Zehn Minuten später war das Geld auf unserem Konto. Noch ein Wunder!

Harsha G.
London, England

Tägliche Vergebungsübungen bewirken enorme Veränderungen

Seit ich Master Shas Lehren 2018 kennengelernt habe, wende ich die Vergebungsübungen aus seinem Buch Größte Liebe an und zeichne dabei Tao-Kalligrafien nach, entweder Da Ai (Größte Liebe) oder Da Chang Sheng (Größte Fülle). Ich bemühe mich, jeden Tag mindestens dreißig Minuten lang Vergebungsübungen durchzuführen und Kalligrafien nachzu-zeichnen.

Durch diese Übungen konnte ich meine negative Denkweise über Geld und Finanzen transformieren. Während meines ganzen Erwachsenenlebens habe ich unter Angst, Schmerz und Enttäuschung über meinen finanziellen Mangel gelitten. In den letzten Monaten beobachte ich eine Veränderung: Finanzielle Gelegenheiten tun sich vor mir auf. Mein Geist plappert keine Negativitäten mehr. Der Gedanke an Geld erschreckt und packt mich nicht mehr, ebenso wenig die Frage, was passieren könnte, wenn ich nicht genug habe. Ich bin geerdet und voller Frieden, ich weiß, dass ich auf dem Weg bin, diesen Aspekt meines Lebens zu transformieren. Nachdem diese großartige Veränderung stattgefunden hatte, bewegten sich auch viele andere Aspekte meines Lebens in eine positive Richtung.

Ich bin sehr dankbar für diese kraftvollen, wirksamen, lebensverändernden Übungen, die mir täglich eine Grundlage geben, um mein Leben zu leben.

Sandra B.
Vancouver, British Columbia

Vergebung führt zur gewünschten Arbeitsstelle

Im Oktober 2017 litt ich unter schweren finanziellen Problemen. Mein Einkommen war gering.

Ich bewarb mich um eine Stelle bei einem renommierten Unternehmen. Dort hatte ich früher schon einmal gearbeitet, hatte dann aber den Arbeitgeber gewechselt.

Ich begann eine Vergebungsübung, schrieb Briefe an die Seele des Unternehmens und alle damit verbundenen Seelen, in denen ich ihnen Vergebung anbot und sie um Vergebung bat. Das tat ich zwei oder drei Wochen lang jeden Tag.

Im November 2017 bekam ich einen Anruf von dem Unternehmen: die Einladung zum Vorstellungsgespräch. Dabei schnitt ich gut ab und schon in der letzten Novemberwoche arbeitete ich wieder in diesem Unternehmen. Das Beste daran war aber, dass in der Woche, in der ich anfing, ein Familientag für alle Angestellten stattfand. Ich konnte mit meiner Frau Amruta und meinem vierjährigen Sohn Kaveesh daran teilnehmen und beide freuten sich sehr. Kaveesh war be-

geistert, den Arbeitsplatz seines Vaters kennenzulernen. Danach verbesserte sich meine finanzielle Lage deutlich und blieb stabiler.

Vergebungsübungen gehören zu den größten Schätzen der Menschheit.

Sachin Medhi
Pune, India

~ ~ ~

Vergeben ist nicht immer leicht. Manchmal fühlt es sich schmerzhafter an, der verletzenden Person zu vergeben, als die eigentliche Verletzung. Dennoch gibt es keinen Frieden ohne Vergebung.
—Marianne Williamson

~ ~ ~

Arbeit

Transformation einer Beziehung am Arbeitsplatz nach nur einer Vergebungsübung

Über Monate hinweg wirkte meine Abteilungsleiterin oft gestresst oder frustriert. Eines Tages, als wir gemeinsam anfingen, eine Gruppe von Praxismanagern einzuarbeiten, gerieten wir in Streit. Dies verursachte für alle in der Abteilung, die mit uns zu tun hatten, eine unerfreuliche Arbeitssituation. Wir kamen überein, dass wir uns nicht einigen konnten, und beließen es dabei.

Drei Monate später machte ich die Vergebungsübung aus dem Buch Größte Liebe. Ich bat um Vergebung für die mangelnde Harmonie und alle unangenehmen Verletzungen, die ich oder meine Ahnen verursacht hatten, und schlug der Seele der Abteilungsleiterin vor, dass wir kommuni-

zieren sollten, um unsere Bedenken zu äußern, sodass wir beide einander besser verstehen konnten.

Drei Tage nach dieser Vergebungsübung bat mich die Abteilungsleiterin, privat mit ihr über ein Thema zu sprechen, das mit unserer Abteilung nichts zu tun hatte. In der Besprechung entschuldigte sie sich für ihr unangenehmes Verhalten während der letzten Monate. Sie wies auch auf Bereiche hin, in denen sie eine Verbesserung bei mir bemerkt hatte, und betonte die positiven Auswirkungen meiner Arbeit auf die Abteilung. Ihr Lob war gut durchdacht und wurde aufrichtig, echt und freundlich ausgesprochen.

Als ich die Besprechung verließ, hatte ich das Gefühl, mit einer völlig anderen Person gesprochen zu haben. Wir zeigten einander Respekt, Freundlichkeit und eine gegenseitige Zuneigung, da wir uns beide bemühten.

Ich bin sehr dankbar für die Vergebungsübung. Dadurch konnten wir wieder Verbindung aufnehmen und einander in einer hektischen, sich ständig verändernden Umgebung unterstützen.

Edward A.
San Francisco, Kalifornien

Kein Drama am Arbeitsplatz!

Vor einigen Jahren war ich in einer sehr stressigen Arbeitssituation. Ich unterrichtete in Vollzeit an einer Hochschule, und außer mir und meinem Vorgesetzten arbeitete nur noch eine weitere Vollzeit-Dozentin in diesem Studiengang. Die Position meines Vorgesetzten als Studienkoordinator stand zur Abstimmung und meine einzige Kollegin in Vollzeit beschloss zu kandidieren.

Sie hatte sich oft persönlich bei mir über unseren Vorgesetzten beklagt und mein Vorgesetzter hatte oft ihre Fehler mir gegenüber kritisiert, ebenfalls unter vier Augen. Sie mochten einander nicht. Aber da sie beide zur Wahl antraten, würde ich die entscheidende Stimme abgeben! Wer die Wahl gewann (oder verlor), würde wissen, für wen ich gestimmt hatte, und die Zusammenarbeit mit dieser Person würde hinterher sehr schwierig werden. Welch ein Dilemma!

Ich besprach mich mit einer Lehrerin der Tao Academy, die mir mit einer spirituellen Lesung mehr Klarheit über die Situation verschaffte. Sie leitete mich auch dazu an, mich aufrichtig in Vergebung zu üben.

Ich führte die Vergebungsübung jeden Abend aufrichtig durch. Nach drei Tagen zog meine Kollegin (die andere Vollzeit-Dozentin) ihre Kandidatur zurück! Die Vergebungsübung hatte die Seelenblockaden entfernt und der physischen Welt war ein Drama erspart geblieben.

Hardeep Kharbanda
Hawaii

Vergebung transformiert Aggression am Arbeitsplatz

Ich interessierte mich für Master Shas Lehren, weil sie auf Liebe basieren und auf der Kraft der Seele, das eigene Leben und das von nahestehenden Menschen zu verändern. Durch die praktischen Weisheitslehren von Master Sha habe ich immense Heilung erfahren.

Heute möchte ich von einem Erlebnis berichten, das fünf Jahre zurückliegt. Ich arbeitete mit einer Person zusammen, die durch eine meiner Handlungen verletzt worden war. Diese Person wurde sehr zornig auf mich und begann mich bei jeder Gelegenheit zu mobben. Damals schien es mir, dass mir nur der Weg zu unserem Vorgesetzten offen stand, um eine Lösung zu finden. Als meine Kollegin erfuhr, dass ich mit dem Vorgesetzten gesprochen hatte, wurde sie noch zorniger und bestand darauf, dass wir uns Ende der Woche zu dritt treffen sollten. Ich sagte ihr, dass ich mich bei ihr melden würde, aber dass ich das Wochenende brauchte, um über alles nachzudenken, was geschehen war. Sie war unzufrieden mit meiner Entscheidung und meinte, ich wollte sie abwimmeln.

Am Wochenende machte ich Vergebungsübungen. Obwohl ich wirklich nicht wusste, womit ich diese Person so erzürnt hatte, bat ich ihre Seele um Vergebung und sagte ihr, dass ich sie liebte. Ich teilte ihrer Seele mit, dass ich mir für uns eine gute Arbeitsbeziehung wünschte und dass ich mein Bestes geben würde, um einen positiven Beitrag zu unserem Team zu leisten.

Zum vereinbarten Treffen mit unserem Vorgesetzten kam ich fünf Minuten früher. Ich chantete und blieb friedvoll und ruhig. Als wir uns trafen, war ich überrascht von dem Verhalten meiner Kollegin. Sie fing zu weinen an und bat um Entschuldigung dafür, wie sie mich behandelt hatte. Ich kann mich erinnern, dass ich während des ganzen Treffens nichts sagte.

Wir arbeiten weiterhin in derselben Branche und treffen uns öfter. Das Leben ist so viel einfacher, wenn Menschen liebevoll und positiv zusammenarbeiten können.

Ich habe die Vergebungsübung seitdem viele Male angewendet und festgestellt, dass sie eine sehr hilfreiche Methode ist, hoffnungslos wirkende Situationen zu transformieren.

J. Noyce
Virginia

~ ~ ~

Irren ist menschlich, vergeben ist göttlich.
—Alexander Pope

~ ~ ~

Lebenstransformationen

Finden Sie tiefere Vergebung und Mitgefühl in Ihrem Inneren

Diese Vergebungs-Geschichte werde ich nie vergessen; ich betrachte sie als wunderbares Beispiel für Selbstlosigkeit und Dienstbarkeit.

Eine meiner Klientinnen erzählte sie mir vor einigen Jahren. Sie wanderte mit einer kleinen Gruppe von Schüler(inne)n und einem buddhistischen Mönch zu der berühmten Ruinenstadt Machu Picchu in Peru. Plötzlich kam ein Mann von hinten und schnappte sich die Umhängetasche des Mönchs, in der seine Brieftasche mit Ausweis und verschiedene andere persönliche Gegenstände steckten. Der Mann machte kehrt und rannte den Berg hinunter. Der Mönch lief ihm nach und rief, er sollte stehen bleiben. Auch die Schüler(innen) liefen dem Mann hinterher und riefen, er sollte die Tasche fallen lassen; sie waren empört, dass dieser Mann ihren Lehrer bestahl, den sie sehr verehrten.

Nach einer aufregenden Verfolgungsjagd erreichte der Mönch den Mann als erster. Die Schüler(innen) folgten kurz darauf und beschimpften den Mann, weil er den Mönch bestohlen hatte. Der Mann schämte sich und gab die Tasche sofort zurück. Der Mönch sagte zu ihm: „Ich möchte Ihnen nur sagen, dass alles in Ordnung ist. Was immer ich Ihnen angetan habe, tut mir leid." Dann gab der Mönch dem Mann die Tasche und sagte: „Bitte nehmen Sie, was

Sie brauchen. Ich vergebe Ihnen. Wir sind frei." Der Mann stand wie betäubt da, wusste nicht, was er antworten sollte, war aber offensichtlich dankbar. Die Schüler(innen) waren sprachlos, wussten nicht, was sie sagen oder tun sollten, empfanden aber noch größere Achtung vor ihrem Lehrer.

Diese Geschichte hat mich gelehrt, dass alles, was in meinem Leben geschieht und zunächst wie eine Herausforderung aussieht, eine großartige Gelegenheit für tiefere Vergebung und Mitgefühl sein kann. Sie zeigt mir, dass ich die Wirkung auf eine andere Person betrachten kann, wenn ich mich verletzt oder übervorteilt fühle. Ich kann mich fragen, was wir in dieser anscheinend negativen Verstrickung austauschen und wie sich die Situation am besten sofort transformieren lässt.

Ich bin dankbar für alle Lektionen, die ich lernen durfte, und für die Beispiele von anderen, die ihre Weisheit und ihr Verständnis weitergegeben haben, sodass ich auf dieser Lebensreise wachsen kann. Vergebung hat mir gewiss inneren Frieden und innere Freude gebracht.

Sher O'Rourke
Toronto, Ontario

Beinahe obdachlos, aber Vergebung transformiert alles

2016 leitete ich eine Heilungsgruppe in einer Unterkunft für Frauen, die von Obdachlosigkeit bedroht waren. Eine von ihnen kam eines Tages zu mir und bat um Hilfe. Sie lebte in der Unterkunft, nachdem ihre Ehe mit einem gewalttätigen Mann gescheitert war. Sie hatte in Australien keine Verwandten, keine Unterstützung und war arbeitslos.

Im Lauf von achtzehn Monaten musste sie mit ihrem Mann wiederholt vor Gericht erscheinen, denn er wollte einem Vergleich nicht zustimmen. Sie war sicher, dass er ihr weitere Hindernisse in den Weg legen würde, und hatte das Gefühl, dass es keinen Ausweg aus der Situation gäbe.

Ich schlug vor, dass es ihre Situation verändern könnte, ihm zu vergeben. Ihre sofortige Reaktion war heftig: „Nein, warum sollte ich ihm vergeben? Er ist der Grund für alle meine Probleme." Wir sprachen darüber, wie der Schmerz aus Wut, Feindseligkeit, Vorwürfen und noch mehr zu ihrem Leid und ihrem Unglück beitrug. Sie stimmte der Lehre von der bedingungslosen Vergebung zu und erklärte sich bereit, es zu versuchen.

Wir begannen mit einer Übung, in der wir ihrem Mann Vergebung schenkten und ihn um Vergebung baten. Wir baten um die Unterstützung des Himmels und nutzten dazu die „Tao-Kalligrafie Da Kuan Shu" aus dem Buch Wunder der Seelenheilung[7]*. Etwa fünfzehn Minuten lang chanteten wir „Da Kuan Shu" und „Größte Vergebung" und visualisierten dabei Licht in ihrem Herzen. Hinterher war sie friedvoll und glücklich.*

Ich schenkte ihr das Buch und bat sie, das Nachzeichnen der Tao-Kalligrafie weiterhin mindestens zehn Minuten am Tag weiter durch zuführen.

Nach wenigen Wochen kam sie zurück in die Unterkunft und erklärte freudestrahlend, dass sich alles in ihrem Leben verändert hatte. Sie war noch einmal bei Gericht gewesen und ihr Mann hatte auf wundersame Weise einem Vergleich zugestimmt.

---

[7] Wunder der Seelenheilung: Altehrwürdige und neue heilige Weisheiten, Erkenntnisse und praktische Techniken für die Selbstheilung des spirituellen, mentalen, emotionalen und spirituellen Körpers, mvg Verlag, München, 2014.

Sie erzählte außerdem, dass an dem Tag, als wir die erste Vergebungsübung gemacht hatten, jemand ihr zweihundert Dollar schenkte, nachdem diese Person ihren Hilfeaufruf im Internet gesehen hatte. Sie sagte, sie habe monatelang auf vielen Kanälen um Geld gebeten, aber das sei die erste Antwort darauf gewesen. Sie erzählte, dass ihr jemand eine Nähmaschine geschenkt hatte. Als krönenden Abschluss fand sie wenig später eine dauerhafte Wohnung und konnte aus der Unterkunft ausziehen.

Ich traf sie einige Monate später, und sie erzählte mir, dass sie oft „Da Kuan Shu" chantete. Sie war davon überzeugt, dass die Vergebungsübung der Auslöser für all die positiven Veränderungen in ihrem Leben gewesen war. Sie war sehr dankbar, dass sie die Macht der Vergebung und der Tao-Kalligrafie entdeckt hatte.

Leonie Lawrence
Melbourne, Australia

Vergebung brachte Einigkeit

Im Sommer 2016 chantete ich eines Tages das Lied des Herzens Love, Peace and Harmony. Bei der zweiten Zeile, „Ich liebe die ganze Menschheit", hörte ich die Worte: „Auch Daniel." Ich war überrascht, diese Worte zu hören, denn ich hatte für diese Person schon oft Vergebungsübungen gemacht.

Einige Monate zuvor hatte mein Sohn einen schrecklichen Autounfall. Er steckte etwa 45 Minuten in seinem Fahrzeug fest. Die Sanitäter sagten später, es sei eine der schwierigsten Befreiungen gewesen, mit der sie je zu tun hatten. Mein Sohn wurde mit dem Hubschrauber ins nächste Krankenhaus gebracht. Er wurde zweimal operiert und verbrachte sechs Wochen im Rollstuhl. Es war ein einschneidendes Erlebnis für unsere Familie. Daniel war der Fahrer, der den Unfall verursacht hatte.

Nachdem ich die Anleitung des Himmels gehört hatte, begann ich sofort Vergebungsübungen mit Daniels Seele. Während dieser Zeit drang ich immer tiefer in mein Herz vor. Ich erlebte viele große Durchbrüche in meinem Leben.

Einige Monate später ging ich mit meinem Sohn und meiner Tochter zu Daniels Prozess, in dem er verurteilt wurde. Die Atmosphäre im Gerichtssaal war angespannt und deutlich gespalten. Alle hatten bei diesem Unfall etwas verloren. Die Mutter, die den Verlust ihrer verstorbenen Tochter betrauerte. Die Großeltern, die sich um das Kleinkind kümmerten, da seine Mutter aufgrund des traumatischen Unfalls kein normales Leben mehr führen konnte. Die Kinder, deren Vater jetzt für viele Jahre ins Gefängnis gehen würde, dessen eigene Eltern, die den Verlust ihres Sohnes betrauerten. Der Schmerz aller Beteiligten war spürbar.

Bei einer solchen Anhörung können die Opfer mit dem Richter sprechen und sich auch an die Person wenden, die verurteilt wird. Ich beschloss, das weiterzugeben, was ich in den vergangenen Monaten durch meine Vergebungsübungen gelernt hatte. Nachdem ich ein paar Worte zu dem Richter gesagt hatte, wandte ich mich an Daniel und sagte: „Jemand hat mir einmal gesagt, dass Vergebung innere Freude und inneren Frieden bringt. Dafür entscheide ich mich heute. Ich vergebe dir. Ich werfe dir nichts mehr vor."

In diesem Augenblick begann Daniel zu schluchzen. Seine Familie atmete erleichtert auf. Die Spannung im Gerichtssaal ließ nach. Herzen öffneten sich. Selbst die Mutter, die ihre Tochter verloren hatte, fragte den Richter, ob sie ein paar Worte sagen dürfe. Sie sagte zu Daniel, dass sie daran arbeiten würde, ihm zu vergeben. Es würde einige Zeit dauern, aber sie war fest entschlossen.

Kurz darauf verkündete der Richter eine Pause, um das Urteil festzulegen. In dieser Zeit beobachtete ich Wunder. Über den Gang, der die beiden Parteien trennte, bildete sich eine Brücke. Umarmungen und Tränen wurden ausgetauscht. Es war einer der ergreifendsten Momente in meinem Leben.

Vergebung ist das kraftvollste Werkzeug, das ich in meinem Leben erfahren konnte. Ich bin dankbar für die Botschaft, die ich an diesem Tag hörte. Wenn ich nicht noch tiefer in mein Herz gegangen wäre, um meinen Frieden mit der Situation zu schließen und wirklich loszulassen, wäre ich nicht in der Lage gewesen, Master Shas Worte weiterzugeben: Vergebung bringt innere Freude und inneren Frieden. Diese Worte öffneten Herzen, ließen Mitgefühl durchdringen und brachten Einigkeit, wo vorher Trennung geherrscht hatte.

Kristina Darling
Denver, Colorado

Vergebung bringt Glück und Zwillinge!

Als ich die Lehrer(innen) der Tao Academy zum ersten Mal traf, suchte ich nach Heilung meines Fruchtbarkeitsproblems. Mein Mann und ich hatten schon fast alles versucht, um diese Herausforderung zu überwinden. Ich wollte unbedingt Mutter werden und meinen Mann zum glücklichen Vater machen.

Als ich mit der Zeit mehr lernte und meine Übungen machte, öffnete sich mein Herz weiter für eine tiefere Heilung. Nach zwei Jahren konnte ich mein Herz ganz der Vergebung öffnen. Jetzt kann ich in Demut und unendlich dankbar mitteilen, dass ich die überglückliche Mutter von Zwillingen geworden bin. Kein Buch hätte die passenden Worte oder ausreichend Platz, um unsere tiefste Dankbarkeit für all die heilsamen Techniken und Übungen auszudrücken.

Etwa einen Monat, bevor wir unsere wunderbaren Zwillinge empfingen, hatte ich mir selbst alle negativen Shen Qi Jing-Blockaden im Zusammenhang mit einer Schwangerschaft vergeben. Ich bat auch allen Vergebung an, die mich verletzt hatten.

Vergebung hat unser Leben für immer verändert — meines, das meines Mannes, das der ganzen Familie und all jener Menschen, die unsere glücklichen Kinder kennenlernen.

Monica Castro Gartner
Alberta, Canada

Generationen wurden gestärkt

Als ich mein erstes Kind bekam, hatte ich gerade eine schwierige Beziehung beendet. Ich war alleinstehend, ging noch zur Schule und lebte deutlich unter der Armutsgrenze. Ich trug viel Wut auf den Vater meines Kindes, auf meinen Vater und dessen Vater mit mir herum, die eine Reihe von allein erziehenden Müttern mit ihren Kindern hinterließen.

Meine Wut hatte schwerwiegende Auswirkungen auf mich. Ich war empört, weil ich eine von vielen allein erziehenden Müttern in meiner Familie war, und ich wollte meiner Tochter das ersparen. Meine größte Angst war, dass sich meine Wut auf diese Männer negativ auf meine Tochter auswirken könnte. Ich hatte die spirituellen Lehren gehört, dass unsere Achtung vor Gott, einer Gottheit oder unseren spirituellen Lehrer(inne)n mit der Achtung vor unseren Eltern zusammenhängt. Ich hoffte, dass meine Tochter ihren Vater achten würde, damit sie Frieden in ihrem Herzen finden konnte. Da ich mir für sie so dringend Glück und Zufriedenheit wünschte, entschloss ich mich, meine Beziehung zu ihrem Vater und zu meinem Vater zu heilen.

Durch meine spirituelle Analyse kam ich zu dem Schluss, dass die familiären Muster, die mich empörten, eigentlich Karma-Lektionen für meine Familie waren. Damit waren diese Erfahrungen keine Strafen, sondern vielmehr Geschenke, die uns lehrten, die starken, liebevollen Menschen zu werden, die sich unsere Seelen wünschen. Vergebungsübungen sind ein kraftvolles Instrument, um die liebevolle Essenz und die Lehre aus unseren schmerzhaften Erfahrungen zu gewinnen.

Tage-, wochen- und monatelang wendete ich tiefe Vergebungsübungen mit ihrem Vater, meinem Vater und mir selbst an. Das Modell der Vergebungsübungen betont darüber hinaus das Dienen und das Erschaffen von Liebe, Frieden und Harmonie. In diesem Wissen nährte ich in meinem Herzen den Wunsch, anderen zu helfen und wandte ihn auf diese Männer in meinem Leben an. In meinen Gebeten wünschte ich ihnen Segen, Erfolg, Gesundheit und Glück, die Fülle bringen sollten, ohne Rücksicht auf das Leid, das sie mir zugefügt hatten. Das war eine stärkende Lektion für mich. Anstatt ihnen meine Schwierigkeiten vorzuwerfen, nahm ich meine Erfahrung an und akzeptierte die Lektionen als einen Ausdruck von Gottes Liebe zu mir. Meine schwierigen Erinnerungen an diese Männer konnten keine Wut mehr auslösen.

Dank der Vergebungsübungen kann ich jetzt meiner vierjährigen Tochter nur schöne Geschichten von ihrem Vater erzählen. Mein Herz hat unseren Vätern vergeben und Liebe zu ihnen entwickelt, und ich kann diese Liebe mit meinem Kind teilen. Nach meiner vorherigen Angst, dass sie das familiäre Muster der allein erziehenden Mütter wiederholen würde, kam das Wissen, dass Liebe Blockaden auflöst. Indem ich sie mit bedingungsloser Liebe umgebe, kann ich sie am besten stärken, damit sie ein wunderschönes Leben führen kann. Durch die Weisheit und die heilsame Erfahrung mit den Vergebungs-übungen wurden mehrere Genera-tionen meiner Familie gestärkt, um auf tiefste Weise zu heilen und zu wachsen.

Kayla Darling
Denver, Colorado

Epilog

Alle Lebewesen und Dinge bestehen aus Shen Qi Jing. Shen umfasst Seele, Herz und Geist. Qi ist Energie. Jing ist Materie. Die Seele ist der Inhalt der Botschaft. Das Herz ist der Empfänger der Botschaft. Der Geist ist der Prozessor der Botschaft. Energie ist die Antriebskraft. Materie ist der Transformator.

Wie funktionieren alle Lebewesen und Dinge auf unzähligen Planeten, Sternen, in unzähligen Galaxien und Universen?

Wie funktioniert das gesamte Leben, einschließlich Gesundheit, Beziehungen, Finanzen und mehr?

Sie alle folgen diesem Prozess:

Die Seele lenkt das Herz. Das Herz lenkt den Geist. Der Geist lenkt die Energie. Die Energie lenkt die Materie.

Warum werden Menschen krank? Warum haben Menschen Beziehungsprobleme? Warum haben Menschen finanzielle und geschäftliche Probleme? Warum stoßen Menschen in allen Aspekten des Lebens auf Herausforderungen? Alle Herausforderungen sind auf negatives Shen Qi Jing zurückzuführen. Negatives Shen Qi Jing ist Unordnung, Trennung und Disharmonie.

Transformieren wir die Herausforderungen des gesamten Lebens, transformieren wir negatives Shen Qi Jing in positives Shen Qi Jing.

Die Seele ist der Boss des Menschen. Die Seele ist der Boss aller Lebewesen und Dinge. Seelenblockaden sind die grundlegenden Blockaden in allen Aspekten des Lebens. In der Tao-Wissenschaft nennen wir diese Seelenblockaden *negative Information.*

Seelenblockaden zu transformieren bedeutet, die grundlegenden Blockaden aufzulösen und das gesamte Leben zu transformieren.

Größte Vergebung – bedingungslose Vergebung – ist die heilige Weisheit und Übung, um Seelenblockaden aller Art zu transformieren. Sie kann auch negatives Shen Qi Jing in positives Shen Qi Jing transformieren.

Deshalb ist Vergebung der heilige Schlüssel, um alle Blockaden zu öffnen und das gesamte Leben zu transformieren.

Übungen mit der „Tao-Kalligrafie *Da Kuan Shu*" (Abbildung 1) können diese Transformation unvorstellbar unterstützen und beschleunigen. Nutzen Sie die in diesem Buch vorgestellten Techniken, um Gesundheit, Beziehungen, Finanzen und alle anderen Aspekte des Lebens zu transformieren.

Ich vergebe dir bedingungslos.

Du vergibst mir bedingungslos.

Bringt Liebe, Frieden, Harmonie.

Transformieren Sie. Transformieren Sie. Transformieren Sie.

Ich liebe mein Herz und meine Seele
Ich liebe die ganze Menschheit
Vereinet Herzen und Seelen
Liebe, Frieden und Harmonie
Liebe, Frieden und Harmonie

Über die Autoren

Dr. und Meister Zhi Gang Sha ist ein weltbekannter Heiler, Tao-Großmeister, Philanthrop, Menschenfreund und Schöpfer der Tao-Kalligrafie. Er ist der Begründer der „Seele Geist Körper Medizin" und stand mit elf Werken auf der Bestsellerliste der *New York Times*. Ausgebildet als Arzt in China und Arzt der traditionellen chinesischen Medizin in China und Kanada ist Master Sha der Gründer der Tao-Academy und der Love Peace Harmony Foundation, die sich dafür einsetzen, Familien weltweit dabei zu helfen, ein glücklicheres und gesünderes Leben zu führen. Als Großmeister vieler ehrwürdiger Disziplinen, einschließlich Tai Chi, Qi Gong, Kung Fu, Feng Shui und *I Ching* wurde Master Sha beim 5. Qi Gong Weltkongress zum Qi Gong-Master des Jahres ernannt. 2006 wurde er mit dem renommierten

Martin Luther King Jr. Commemorative Commission Award für seine humanitären Bemühungen ausgezeichnet. 2016 erhielt Master Sha die seltene und angesehene Ernennung zum Shu Fa Jia (Chinesischer Nationaler Meister der Kalligrafie) und Yan Jiu Yuan (Ehrenwerter Forschungsprofessor) der Staatlichen Ethnischen Akademie für Malerei in China, die höchsten Auszeichnungen, die ein chinesischer Kalligraph erhalten kann.

Master Cynthia Deveraux ist ein zertifizierter „Master Teacher" der Tao Academy und Master Shas designierte Linienhalterin. Als eine der führenden Lehrer(inne)n von Master Sha hat Master Cynthia elf Jahre lang mit Master Sha die Welt bereist und Tausenden große Unterstützung in der Selbstheilung durch mitfühlende Anleitungen angeboten.

Master Cynthia steht von jeher in einer tiefen spirituellen Verbindung zum Göttlichen. Schon im Alter von drei Jahren wurde Master

Cynthia von der Botschaft geleitet, dass ein tiefes Erwachen und eine Öffnung unserer Herzen und Seelen kommen muss, damit die Erde und die Menschheit überleben können.

Bevor sie Master Sha kennenlernte, führte Master Cynthia zwölf Jahre lang täglich intensive Meditation und Vergebung durch. Ihre persönliche Erfahrung mit aufrichtiger Vergebung hilft allen, in Master Cynthias Anwesenheit ein Gefühl von tiefem Frieden und Heilung zu erfahren.

Master Cynthia hilft den Menschen, in Liebe, Frieden und Harmonie zu leben und ist vollkommen auf die altehrwürdigen und modernen Weisheiten und spirituellen Übungen von Master Shas Lehren ausgerichtet.

Master David Lusch ist ein zertifizierter Master Teacher der Tao Academy. Er hat die Ausbildung von Tausenden von „Tao Hand Practitioners, Soul Teachers, Soul Communicators und

Master Teachers“ (Anmerk.d. Übers.: unterschiedliche Zertifizierungen der Tao Academy) weltweit begleitet.

Als einer von sieben führenden Master Teachers, die Master Shas höchste Lehren und Weisheiten verbreiten, bietet Master David geheime, heilige Weisheiten und Übungen und heilsame Lichtübertragungen an.

Als er 2004 Master Sha kennenlernte, hatte Master David für den größten Teil seines Lebens unter einer Zwangsstörung gelitten. Auf der Suche nach Selbstheilungstechniken erlernte er mit großem Einsatz Master Shas System, erhielt heilsame Lichtübertragungen und übte täglich. Innerhalb eines Jahres, nachdem er Master Sha getroffen hatte, war Master David vollständig von seiner Zwangsstörung geheilt und konnte zusammen mit seinem Psychiater alle Medikamente absetzen, von denen er angenommen hatte, dass er sie für den Rest seines Lebens nehmen würde.

In seinem Buch *Wie ich meine Zwangsstörung heilte* gibt Master David seine Erfahrung mit der Seelenheilung weiter, um andere, die unter „unheilbaren" Krankheiten leiden, zu inspirieren und ihnen Hoffnung zu geben.

Weitere ausgewählte Bücher von Dr. und Master Sha

Seele Geist Körper Medizin: Anleitung zur Selbstheilung durch Seelenkraft. Koha Verlag, 2014.

Worin besteht das wahre Geheimnis von Heilung und Transformation?

Der weltbekannte Heiler Dr. und Master Zhi Gang Sha gibt uns eine einfache, aber kraftvolle Antwort auf diese uralte Frage:

Heile zuerst die Seele, dann wird
Heilung für den Geist und Körper folgen.

In der *Seele Geist Körper Medizin* zeigt Dr. und Master Sha, dass Liebe und Vergebung die goldenen Schlüssel zur Heilung der Seele sind. Auf dieser Grundlage stellt er praktische Werkzeuge vor, die Seele, Geist und Körper selbst zu heilen und zu transformieren. Die Techniken und die grundlegenden Theorien sind leicht zu erlernen und zu üben und darüber hinaus in der Tiefe wirksam. Sie umfassen:

- Selbstheilungsmethoden für mehr als einhundert Beschwerden, von einer einfachen Erkältung, über Rückenschmerzen, bis hin zu Herzerkrankungen und Diabetes
- Schrittweise Anleitungen zum Abnehmen, zur Erholung von chronischen Krankheiten, zu emotionaler Ausgeglichenheit und zur Erhaltung der Gesundheit
- Eine bahnbrechende Methode, die „Ein-Minute-Selbstheilung"

Seelenkraft: Erkenne deine innere Stärke. MensSana, 2011. Das dritte Buch der Buchreihe Soul Power ist das Hauptbuch der ganzen Serie.

Seelenkraft versetzt uns in die Lage, die Kraft der Seele zu verstehen, zu entwickeln und für deren Heilung, Schutz vor Krankheit, Verjüngung, Transformation in allen Aspekten des Lebens (einschließlich Beziehungen und Finanzen) und Seelenerleuchtung zu verstehen, zu entwickeln und anzuwenden. Es ermöglicht uns auch, Seelenweisheit und Seelenintelligenz zu entwickeln und Seelenanordnungen zur Selbstheilung und Transformation aller Aspekte des Lebens anzu wenden.

Dieses Buch enthält als Geschenk an alle Leser(innen) das *Seelenlied für Verjüngung* als mp3-Download.

Wunder der Seelenheilung: Altehrwürdige und neue heilige Weisheiten, Erkenntnisse und praktische Techniken für die Selbstheilung des spirituellen, mentalen, emotionalen und physischen Körpers. mvg Verlag, 2014.

Millionen von Menschen auf Mutter Erde leiden unter Krankheiten an ihrem spirituellen, geistigen, emotionalen und physischen Körper.

Millionen von Menschen haben nur begrenzten oder gar keinen Zugang zu medizinischer Versorgung. Sie brauchen Lösungen.

Wunder der Seelenheilung lehrt und stärkt die Menschheit, seelenheilende Wunder zu vollbringen. Die Leser(innen) lernen heilige Weisheiten kennen und wenden praktische Techniken an. Dieses Buch enthält neun Kalligrafien, die von Master Sha geschrieben worden sind. Wir alle können unsere eigenen Wunder der Seelenheilung geschehen lassen.

Größte Liebe: Öffnen Sie in 30 Minuten Ihr tägliches Leben mit der Kraft der bedingungslosen Liebe. Heaven's Library/Waterside Production, 2020.

Fühlen Sie die größte Liebe. Erleben Sie die größte Liebe. Verkörpern Sie die größte Liebe.

Wir alle stehen vor Herausforderungen, die uns daran hindern, die größte, die bedingungslose Liebe zu erleben. Diese Herausforderungen stellen sich uns in der Gesundheit, den Beziehungen oder Finanzen. Mit diesem Buch lernen wir, wie wir in 30 Minuten täglich, Blockaden in unserem Leben durch die Kraft der *bedingungslosen* Liebe aufzulösen. Diese größte Liebe geht über die menschliche Liebe hinaus und tritt in die Liebe der gesamten Schöpfung ein.

Die Kraft der größten Liebe kann alle Blockaden auflösen und alle Trennung, d.h. alles, was nicht Liebe ist, harmonisieren. Tragen Sie dieses kostbare Buch bei sich und wenden Sie seine Weisheit jederzeit und überall an, um Ihre Gesundheit, Beziehungen, Finanzen, Intelligenz und alle Aspekte Ihres Lebens zu bereichern und zu segnen.

Printed in Great Britain
by Amazon

14059798R00102